Sekundarstufe — *Birgit Brandenburg*

Schweiz

Den Alpenstaat unter die Lupe genommen

Wissenswertes & Interessantes über schweizerische Geschichte, Kultur, Bildung, Wirtschaft, Politik u.v.m.

50 Kopiervorlagen

KOHL VERLAG — Lernen mit Erfolg
www.kohlverlag.de

Nutzen Sie unseren bequemen Onlineshop!

- Ausführliche Informationen
- Aussagekräftige Leseproben
- Schnäppchen & besondere Angebote

www.kohlverlag.de

SCHWEIZ
Den Alpenstaat unter die Lupe genommen

1. Auflage 2016

© Kohl-Verlag, Kerpen 2016
Alle Rechte vorbehalten.

Inhalt: Birgit Brandenburg
Umschlagbild: © daboost & djama - fotolia.com
Grafik & Satz: Kohl-Verlag
Druck: farbo prepress GmbH, Köln

Bestell-Nr. 11 845

ISBN: 978-3-95686-707-1

Weitere Bildquellen:

Seite 4 © camerawithlegs & Regormark - Fotolia.com; Seite 5 © chrupka - Fotolia.com; Seite 7 © ubahnverleih - Fotolia.com; Seite 8 © pico - Fotolia.com; Seite 9 © kartoxjm - Fotolia.com; Seite 11 © Waldteufel - Fotolia.com; Seite 13 © Clipart.com; Seite 14 © clipart.com; Seite 16 © Waldteufel - Fotolia.com; Seite 18 © Regormark - Fotolia.com; Seite 19 © fotoember & Juulijs - Fotolia.com; Seite 23 © lesniewski - Fotolia.com; Seite 27 © scaliger & Erica Guilane-Nachez - Fotolia.com; Seite 28 © puckillustrations - Fotolia.com; Seite 29 © Cybrain - Fotolia.com; Seite 30 © elxeneize - Fotolia.com; Seite 31 © VRD & combd - Fotolia.com; Seite 32 © rook76 & Georgios Kollidas - Fotolia.com, DJ_BoBo: © HagenU - wikimedia.org; Seite 33 - Denise Biellmann: © David W. Carmichael - wikimedia.org, Max Frisch: © ETH-Bibliothek Zürich, Bildarchiv / Fotograf: Metzger, Jack / Com_L12-0059-8021 / CC BY-SA 4.0; Seite 34 © Christian Bieri & cliffhanger105 - Fotolia.com; Seite 35 © robertdering - Fotolia.com; Seite 36 © nixki & Simon Ebel - Fotolia.com; Seite 37 © camerawithlegs & Erica Guilane-Nachez - Fotolia.com; Seite 39 © Floki Fotos - Fotolia.com; Seite 40 © gegenart, depiano, varts, Scisetti Alfio & thomas.andri - Fotolia.com; Seite 41 © Gucio_55, rudall30 & Reinhold Einsiedler - Fotolia.com; Seite 42 © Maksim Shebeko - Fotolia.com Seite 43 © Farinoza, Artur Michalak, foto4live, LightingKreative & Jens Klingebiel - Fotolia.com; Seite 44 © hkuchera, creativenature.nl, rabbit75_fot, bereta & taviphoto - Fotolia.com; Seite 45 © Tsuboya - Fotolia.com; Seite 55 © Floki Fotos - Fotolia.com

Das Werk und seine Teile sind urheberrechtlich geschützt. Jede Nutzung in anderen als den gesetzlich zugelassenen Fällen bedarf der vorherigen schriftlichen Einwilligung des Verlages. Hinweis zu § 52a UrhG: Weder das Werk noch seine Teile dürfen ohne eine solche Einwilligung eingescannt und in ein Netzwerk eingestellt werden. Dies gilt auch für Intranets von Schulen und sonstigen Bildungseinrichtungen.

Inhalt

Seite

Vorwort ... 4

1. Grüezi mitenand! ... 5
2. Fakten – Fakten – Fakten ... 6
3. Kantone – nicht Kanone! ... 7
4. Gründung der Schweiz ... 10
5. Das Rütli ... 11
6. Wilhelm Tell wehrt sich ... 13
7. Urmutter aller Schlachten ... 15
8. Neue Bündnispartner ... 17
9. Weiß auf Rot – Rot auf Weiß ... 18
10. Mit 250 Sachen durch die Alpen ... 19
11. So funktioniert die Regierung ... 21
12. Sprachgewirr oder was? ... 23
13. Verstehst du Schwyzerdütsch? ... 25
14. Eine Erfolgsgeschichte ... 26
15. Leibwache der Päpste ... 27
16. Die JUKIBU ... 29
17. Kinder-Universität ... 30
18. Der Ball ist doch rund! ... 31
19. Berühmte Schweizer ... 32
20. Basler Fasnacht ... 34
21. Wirtschaft (keine Kneipe!) ... 35
22. Felsige Giganten ... 36
23. Blaue Giganten ... 38
24. Was wächst denn da? ... 40
25. Klimareiche Schweiz ... 42
26. Was kreucht und fleucht da? ... 43
27. Die kulinarische Schweiz ... 45
28. Was weißt du über die Schweiz? ... 46
29. Die Lösungen ... 49 - 56

Vorwort

Vielfältiges Bildmaterial und motivierende Vorlagen mit zahlreichen methodischen Empfehlungen führen zu interessantem und umfangreichem Wissen über den unabhängigen Bundesstaat Schweiz. Neben allgemeinen Erarbeitungen zu den Aspekten Wirtschaft, Politik, Geschichte, Natur und Bevölkerung stehen besonders die eidgenössischen Besonderheiten wie Amtssprachen, Unabhängigkeit usw. im Fokus der Unterrichtsarbeit.

Der abschließende Test kann vollständig durchgeführt werden oder er wird entsprechend der gekennzeichneten Kapitel vorab eingesetzt.

Wir wünschen Ihnen und Ihren Schülern viel Spaß mit dem vorliegendem Material.

Das Kohlverlags-Team und

Birgit Brandenburg

1 Grüezi mitenand!

Lerne die Schweiz in dieser Lernwerkstatt näher kennen, denn die meisten von uns haben von der Schweiz ein Klischee im Kopf: Der Käse hat Löcher, Heidi wohnt glücklich in den Bergen, alles blitzt vor Sauberkeit, es gibt viele Kühe und noch mehr Berge, die Uhren und die Schokolade haben die beste Qualität der Welt und hier wurde laut Werbung ein bestimmtes Hustenbonbon erfunden.

Aufgabe 1: Suche die Schweiz auf dem Atlas. Notiere die Nachbarländer der Schweiz.

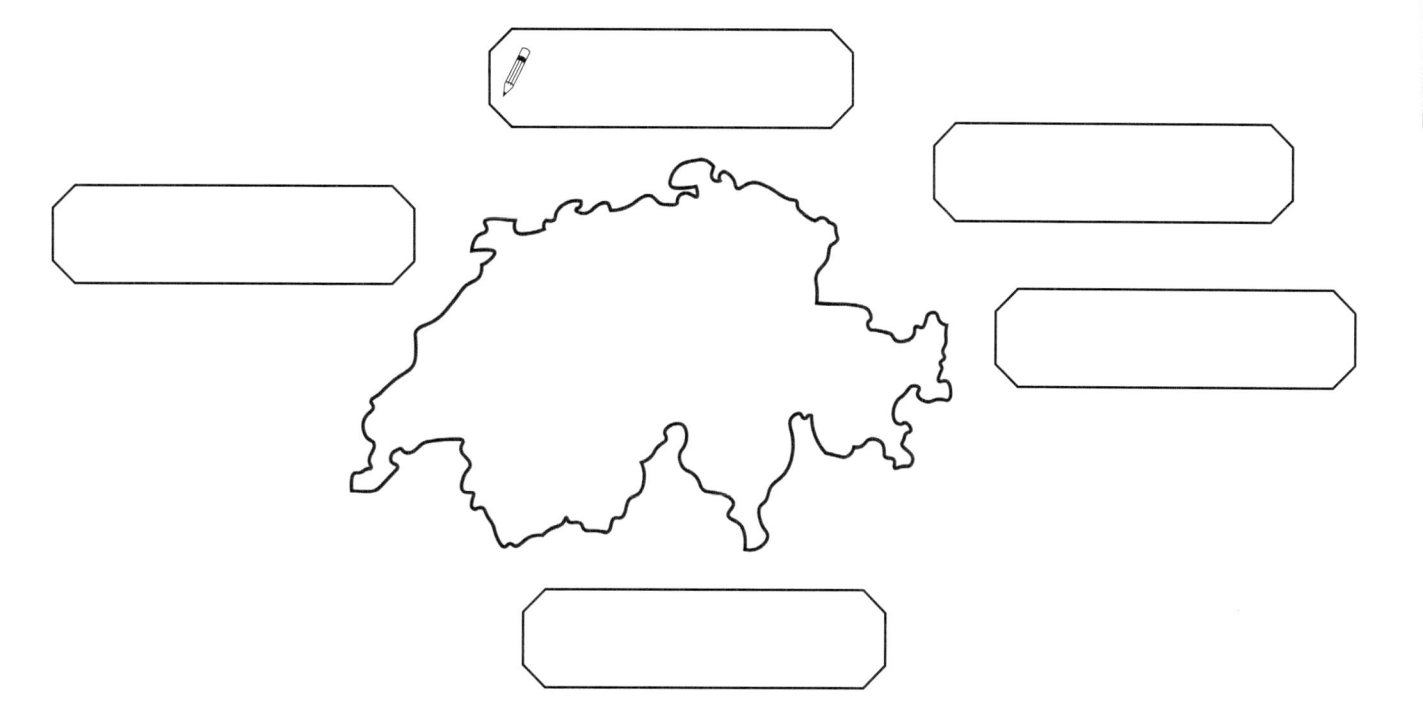

Der Name Schweiz ist eine Abkürzung. Der richtige Name lautet **Schweizerische Eidgenossenschaft**. Das Land gliedert sich in 26 Kantone, in etwa mit unseren Bundesländern vergleichbar. Die Schweiz hat keine Hauptstadt wie andere Länder. Die Kantone (Bundesstaaten) wählten 1848 die Stadt **Bern** als Bundessitz für Regierung und Parlament. Bern wird nicht als Hauptstadt sondern als **Bundesstadt** bezeichnet.

Aufgabe 2: Suche Städte in der Schweiz. Fülle den Umriss flächendeckend mit den Namen aus. Wähle verschiedene Schriften.

2 Fakten – Fakten – Fakten

Aufgabe 1: Trage die passenden Fakten über die Schweiz in die Tabelle ein.

> 8.279.700 • Schweizer Franken (CHF) • keine • 201 • Bern • .ch • CH
> 41.285 • Deutsch, Französisch, Italienisch, Rätoromanisch

Hauptstadt	
Regierungssitz	
Amtssprachen	
Fläche in km²	
Einwohnerzahl (2015)	
Bevölkerungsdichte pro km²	
Währung	
Kfz-Kennzeichen	
Internet-ID	

Die Schweiz hat kein bestimmtes Staatsoberhaupt, wie z. B. in Deutschland die Bundeskanzlerin oder der Bundespräsident. Staats- und Regierungsoberhaupt ist der gesamte Bundesrat. Der Präsident des Bundesrates gilt nicht als Staatsoberhaupt. Er ist nur der „oberste Schweizer", wie es in der Bevölkerung heißt, und vertritt die Schweiz nach außen hin z.B. beim Besuch anderer Staatsoberhäupter.

Das war der Wechselkurs im Dezember 2015:

> 1 € = 1,08 CHF und 1 CHF = 0,93 €

Aufgabe 2: Rechne aus. Rechne mit möglichst runden Zahlen.

1. Ein Deutscher macht Urlaub in der Schweiz. Er will 400 € in CHF umtauschen. Wie viele CHF bekommt er für den Betrag?

   _____ CHF

   Eine Übernachtung in der Schweiz kostet umgerechnet 70 €. Wie viele CHF sind das?

   _____ €

2. Ein Schweizer macht Urlaub in Deutschland. Er benötigt 400 €. Wie viele CHF musste er in € umtauschen? _____ CHF Eine Übernachtung in Deutschland kostet ebenfalls _____ €.

3. Wer ist beim Restbetrag im Vorteil? Schreibe ins Heft und begründe.

Seite 6

3 Kantone – nicht Kanone!

Die Schweiz ist im Wesentlichen ein Gebirgsland. Nur etwa ein Viertel der Gesamtfläche (41.285 km²) ist bewohnbar. Der Rest besteht aus Bergen, Gletschern, Seen und Wäldern.

Aufgabe 1: Suche die Namen der Gebirgszüge auf einer Landkarte. Notiere sie.

① _____

② _____

③ _____

④ _____

⑤ _____

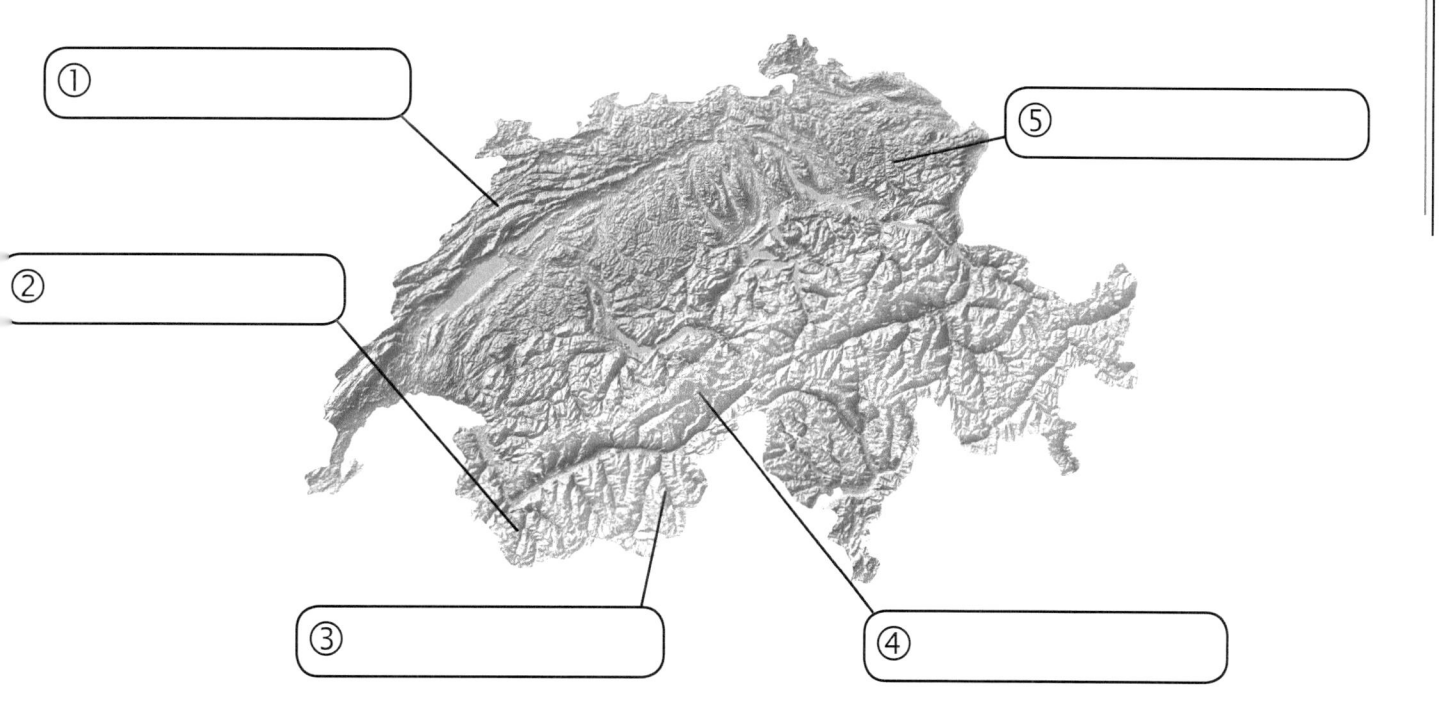

Die Schweiz ist ein Bundesstaat, dessen Staaten man als Kantone bezeichnet. Es gibt 26 Kantone. Die eigentliche Schweizerische Eidgenossenschaft (kurz: Schweiz) bestand ursprünglich nur aus den Kantonen Uri, Schwyz und Unterwalden, den sog. Urkantonen.

Aufgabe 2: Suche die Kantone auf einer Landkarte und schreibe die Namen ins Heft! Male die Urkantone auf der Karte aus.

Seite 7

3 Kantone – nicht Kanone!

Aufgabe 3: Bestimme die Namen der Kantone an Hand der Schattenbilder. Schreibe den Namen an jedes Schattenbild.

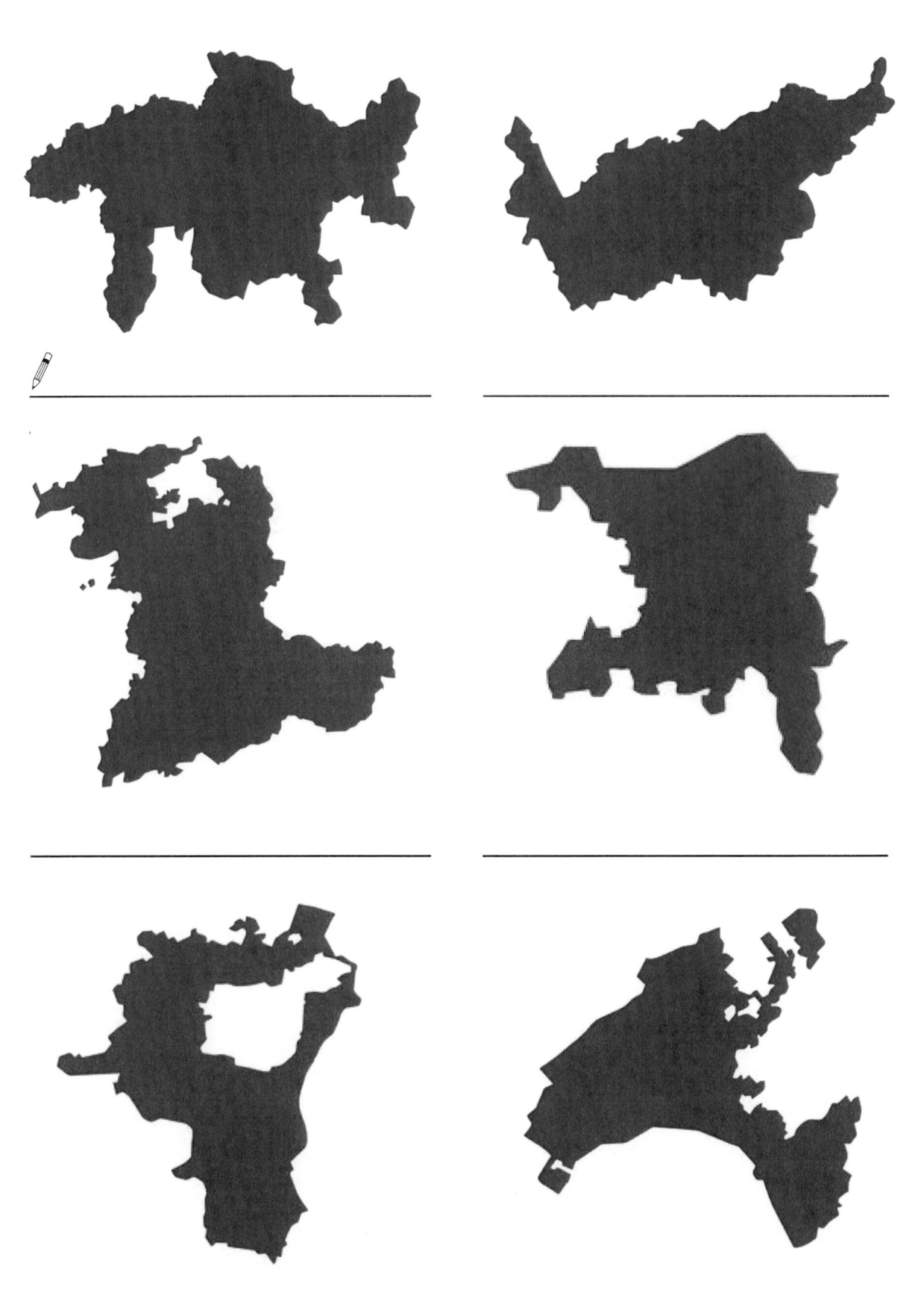

_____   _____

_____   _____

_____   _____

3 Kantone – nicht Kanone!

Aufgabe 4: Suche die Hauptstädte der Kantone auf einer Landkarte und notiere sie.

Aargau		Nidwalden	
Appenzell Innerrhoden		Obwalden	
Appenzell Ausserrhoden		Sankt Gallen	
Basel-Landschaft		Schaffhausen	
Basel-Stadt		Schwyz	
Bern		Solothurn	
Freiburg		Thurgau	
Genf		Tessin	
Glarus		Uri	
Graubünden		Wallis	
Jura		Waadt	
Luzern		Zug	
Neuenburg		Zürich	

Das Gebiet der Schweiz hat von Nord nach Süd eine Luftlinie von 222 km und von Ost nach West 350 km. Nördlichster Punkt der Berechnung liegt im Kanton Schaffhausen, südlichster im Kanton Tessin, östlichster im Kanton Graubünden und westlichster im Kanton Genf.

Aufgabe 5: Deutschland hat eine Luftlinie von Nord nach Süd von 886 km und von Ost nach West 636 km.

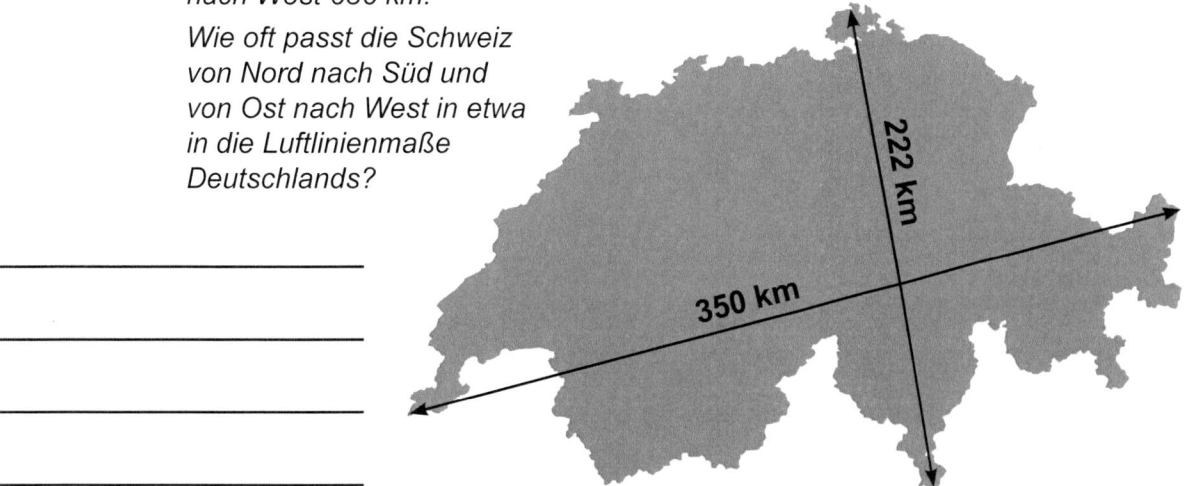

Wie oft passt die Schweiz von Nord nach Süd und von Ost nach West in etwa in die Luftlinienmaße Deutschlands?

_____

_____

_____

_____

4 Gründung der Schweiz

Die Schweiz entwickelte sich über Jahrhunderte hinweg aus einem Geflecht verschiedener Bündnisse von Städten und Landschaften zum heutigen aus 26 Kantonen bestehenden Bundesstaat. Zuvor war sie ungefähr 550 Jahre eine reine Eidgenossenschaft. Das war ein lockerer Zusammenschluss von mehreren kleinen Staaten.

Das Geburtsjahr der Schweiz

Die drei Talschaften Uri, Schwyz und Unterwalden gründeten einen Bund, der den inneren Frieden besiegeln sollte. Anfang August 1291 wurde ein Bundesbrief über den Zusammenschluss ausgestellt. Später setzte man den Nationalfeiertag auf den 1. August als Gründungsdatum der Schweiz fest.

Das Land gehörte den Habsburgern, aus deren Familie Könige und Kaiser hervorgingen. Uri, Schwyz und Unterwalden waren reichsfreie Gebiete und damit direkt dem Kaiser unterstellt. Uri wurde bereits 1231 reichsfreies Gebiet wegen der strategischen Bedeutung des Gotthardpasses. 1309 bekamen Schwyz und Unterwalden den gleichen Status zugesprochen. Der Kaiser setzte Landvögte ein, die die Gebiete für ihn verwalteten. Da sie auch Richter waren, hatten sie große Macht und manche schikanierten die Bevölkerung, was sie nicht gerade beliebt machte.

Aufgabe 1: Besorge dir eine Landkarte der Schweiz.

1. Trage die Namen der Seen in die Skizze ein: Vierwaldstättersee, Sarnersee, Zugersee, Ägerisee, Zürichsee.
2. Trage die Namen der Flüsse in die Skizze ein: Aare, Reuss, Lorze, Limmat.
3. Trage die Hauptorte in die Skizze ein: Sarnen, Stans, Altdorf, Schwyz.

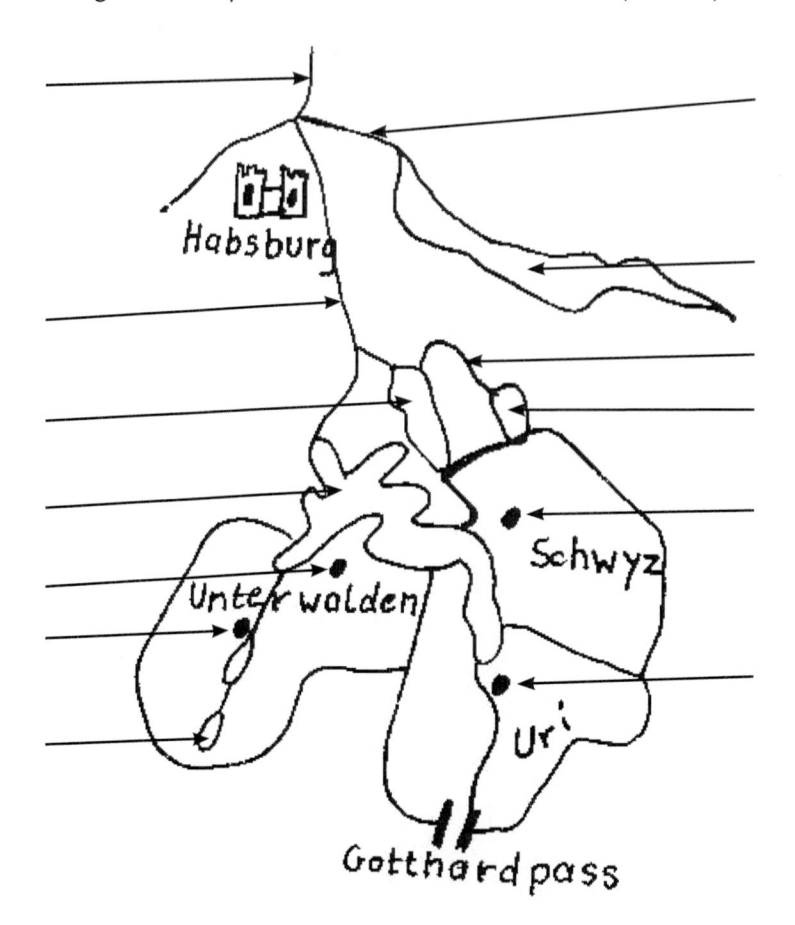

5 Das Rütli

Das Rütli!

So bezeichnen die Schweizer die Rütliwiese am Ufer des Vierwaldstättersees im Kanton Uri. Die Rütliwiese gilt als die Geburtsstätte der schweizerischen Eidgenossenschaft. Am 1. August 1291 leisteten die Männer der späteren sog. Urkantone Uri (Walter Fürst), Schwyz (Werner Stauffacher) und Unterwalden (Arnold von Melchtal) einen Eid (Eid-Genossen) zu einem ewigen Bündnis (Eid-Genossenschaft).

Aufgabe 1: *Lies den Text.*

Der Rütli-Schwur

Der Mond stand hoch über dem Vierwaldstättersee. Kaum spürte man das laue Lüftchen, das vom Gotthard her über den Urner See strich. Mächtig reckten die Berge ihre zackigen Häupter in den Himmel empor. Auf der waldumsäumten Rütliwiese brannte ein kleines Feuer.

Vom Vierwaldstättersee herauf klatschten Ruder ins Wasser. Die Schwyzer kamen. Sie landeten mit ihren Booten und stiegen den steilen Hang empor zum geheimen Platz auf der Rütliwiese, wo die Urner sie bereits erwarteten. Bald tauchten aus dem Wald andere Männer auf. Die Kapuzen hatten sie tief ins Gesicht gezogen. Die Unterwaldner waren es, geführt von Arnold von Melchtal.

Der Schwyzer Werner Stauffacher stieg auf einen Stein, von dem er die Männer aus den drei Talschaften gut überblicken konnte.

„Freunde", begann er, „der Kaiser ist tot. Ein Wille und ein Ziel einigt uns: Wir wollen frei sein! Wir versprechen, einander im Kampf gegen die Vögte, unsere Peiniger, zu helfen, um sie zu vertreiben."

Werner Stauffacher fuhr feierlich fort: „So erhebt eure Hände zum Schwur! Gott sei Zeuge, dass wir beschlossen haben, unsere Freiheit gegen jede fremde Macht und Gewalt zu schützen." Die Männer antworteten im Chor: „Wir geloben es!"

Die Hände senkten sich. Walter Fürst sprach andächtig: „Gott sei mit euch und unserem Bund, meine Eidgenossen!"

5 Das Rütli

Nachdem der Eid geleistet war, sagte Werner Stauffacher: „Wir haben beschlossen, die Landvögte, die uns schikanieren, loszuwerden. Macht Vorschläge, wie wir das bewerkstelligen sollen."

Aufgabe 2: *Welche Risiken hätte jeder Vorschlag gehabt? Notiere in ganzen Sätzen ins Heft.*

① In der Neujahrsnacht, wenn wir ihnen die Geschenke bringen, kommen wir unbehelligt in die Burg. Die Waffen tragen wir unter den Hemden. Dann können wir den Vogt und seine Leute angreifen.

② Wir warten, bis der neue Kaiser gewählt wird und tragen ihm unsere Klagen gegen die Vögte vor und bitten um mildere Herrschaften. Dann vertreiben wir sie ohne Waffen und Blutvergießen.

③ Wir verkleiden uns als Händler und kommen so unbehelligt in die Burg. Wir preisen ein Pulver an, das dem Vogt das ewige Leben schenkt. Es wird ein Giftpulver sein, das wird ihn töten.

④ Wir lauern jedem der Vögte bei der Jagd auf, überfallen die Jagdgesellschaften und nehmen die Vögte gefangen.

Aufgabe 3: *Beantworte die Fragen schriftlich und in ganzen Sätzen.*

1. Warum musste das Treffen der Männer aus den drei Talschaften heimlich stattfinden?

2. Wo befand sich die Rütliwiese genau?

3. Welche Talschaften schlossen den Bund gegen die Vögte?

4. Welche Männer führten die Abgesandten jeder Talschaft an?

5. Hältst du die Rütli-Geschichte für wahr oder könnte sie eine Sage sein?
   (TIPP: Rütli: Eidgenossen – heutiger Name: Schweizerische Eidgenossenschaft)

6 Wilhelm Tell wehrt sich

Aufgabe 1: Lies den Text.

Der verhasste Landvogt Gessler ließ in Altdorf eine Holzstange errichten, auf deren Ende sich sein Hut befand. Jeder Vorbeigehende, so verlangte Gessler, hatte den Hut zu grüßen.

Wilhelm Tell, ein Jäger mit einer Armbrust bewaffnet, sah das als Schikane Gesslers an und dachte gar nicht daran, dem Befehl Folge zu leisten und den Hut zu grüßen.

Der Landvogt erfuhr natürlich durch seine Spitzel von Tells Weigerung. Man brachte ihn zu Gessler, der sich eine niederträchtige Strafe für Wilhelm Tell ausdachte: Er sollte mit der Armbrust einen Apfel vom Kopf seines eigenen Sohnes schießen.

Um solch ein kleines Ziel wie einen Apfel genau zu treffen, musste man gut mit der Armbrust umgehen können und eine ruhige Hand haben. Gessler hoffte, dass Tell beim Anblick seines Sohnes die Hände zitterten und er den Jungen statt des Apfels traf.

Doch Wilhelm Tell bestand die Probe, gab aber zu, dass er noch einen zweiten Pfeil bereit hielt, um damit den Landvogt zu treffen, falls der Schuss den Jungen und nicht den Apfel treffen sollte.

Man legte Tell in Ketten, weil er nach eigenem Geständnis Tötungsabsichten gegen Gessler gehegt hatte. In einem Boot sollte er über den Vierwaldstättersee nach Küssnacht auf die Burg Gesslers gebracht werden.

Als ein heftiger Sturm losbrach, hatten die Leute Gesslers das Boot nicht mehr unter Kontrolle. Sie banden Tell los, der das Ruder übernehmen sollte. Der brachte das Boot an Land, sprang ans Ufer auf eine Felsplatte und stieß das Schiff in das aufgewühlte Wasser zurück.

Auf dem Landweg eilte Tell nach Küssnacht. Hier lauerte er Gessler auf, der durch einen Hohlweg auf dem Weg zu seiner Burg war. Tell erschoss ihn.

6 Wilhelm Tell wehrt sich

Aufgabe 2: *Schreibe einen kurzen Text über das Bild.*

_____
_____
_____

Aufgabe 3: *Trage die Orte Altdorf, Tellsplatte und Küssnacht in die Zeichnung ein. Zeichne Skizzen mit dem wesentlichen Geschehen in die Rahmen.*

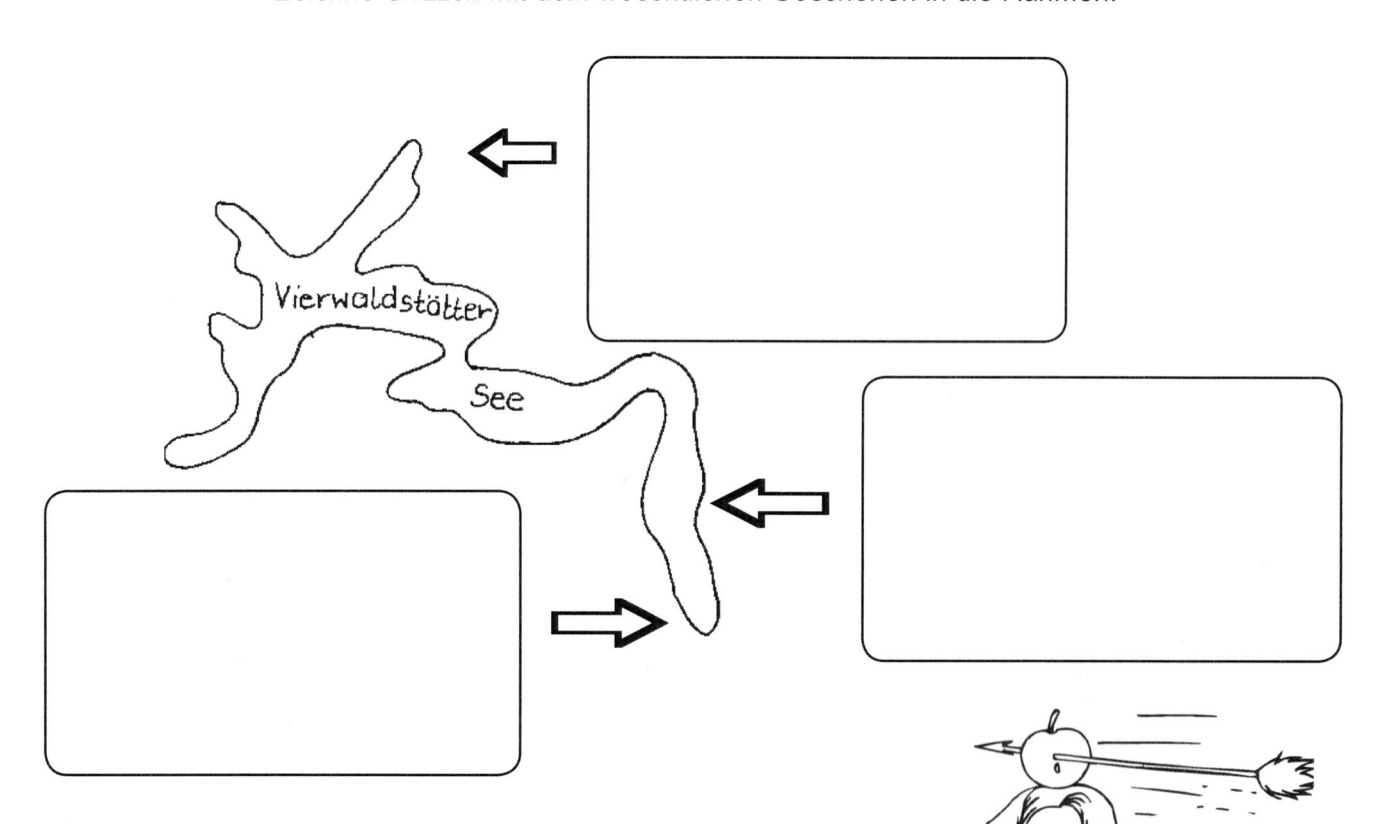

Vierwaldstätter See

Aufgabe 4: *Schreibe die Texte richtig ins Heft.*

① In Aotdlrf mussten die Luete den Hut des Latvdogns Gessler grüßen. Wilhelm Tell vgrweieerte den Gruß und musste zur Strfae einen Apfel vom Kopf seines eigenen Sohnes scheißen. Wäre das misglunsen, hätte er Gessler mit einem zweiten Pleif getötet.

② Tell wurde vertafteh und in Kntete gelegt. Das Boot mit dem Ggfaneenen geriet in einen Sturm. Man band Tell los und überließ ihm das Rrdeu. Tell rettete sich am Ufer auf eine Flesptalte und stieß das Boot zurück in das uhnruige Wasser.

③ Tell lief nach Küssnacht und laeurte dem Lvndaogt auf. Als dieser durch eine holhe Gasse kam, ersschos Wilhelm Tell ihn.

Seite 14

7 Urmutter aller Schlachten

> Die Grafen von Habsburg hatten ihre Stammburg im Aargau. Ihr Herrschaftsgebiet umfasste Teile der heutigen Schweiz, das sie von Vögten verwalten ließen.
>
> Auf ihrem Herrschaftsgebiet befand sich das Kloster Einsiedeln in der Nähe des Ägerisees in der Nachbarschaft der Talschaft Schwyz. Die Habsburger waren Schutzherren über das Kloster.
>
> Die Schwyzer hatten ständig Grenzstreitigkeiten mit dem Kloster. Irgendwann waren sie es leid und überfielen Einsiedeln im Januar 1314. Die Schwyzer plünderten die Schätze des Klosters und verwüsteten es. Außerdem fesselten sie einige Mönche und nahmen sie mit.

Aufgabe 1: *Die Habsburger waren die Schutzherren des Klosters. Was mussten die Schwyzer nach dem Angriff befürchten? Notiere.*

_____

_____

Aufgabe 2: *Suche die Gegend, die die Skizze zeigt, auf der Landkarte.*

Aufgabe 3: *Fülle den Lückentext über die Schlacht am Morgarten mit den passenden Wörtern von der nächsten Seite aus.*

Diesen _____ auf das Kloster konnten sich die Habsburger natürlich _____ gefallen lassen. Den nahmen sie persönlich!

Im _____ 1315 zog Herzog Leopold von Habsburg mit seinem _____ am Ufer des Ägerisees entlang in Richtung _____. Die Eidgenossen hatten mit der Strafaktion gerechnet und waren vorbereitet.

Als sich das Heer im sumpfigen _____ von Morgarten südlich des _____ befand, wurde es mit Steinwürfen und herabrollenden Baumstämmen empfangen. Das Heer machte einen _____, aber auch dort wurde ihm der Weg durch _____ liegende Baumstämme versperrt. Die _____ mussten erst weggeräumt werden. Es bildete sich ein _____. Die Soldaten standen _____ an dicht.

Ein Hornstoß ertönte. Von überall her stürmten die Eidgenossen aus den Verstecken und griffen das Heer mit ihren _____ an. Auf dem _____ Gelände hatten die Soldaten kaum eine _____ sich zu wehren.

Sie wollten den _____ antreten, aber die Fluchtwege führten durch _____ Gebiet. Zudem überrannten die vorderen Soldaten die hinteren. Viele wurden totgetrampelt oder ertranken im _____. Der _____ konnte sich retten.

Die Habsburger erlitten eine vernichtende _____.

7 Urmutter aller Schlachten

> Niederlage • Überfall • Gebiet • Waffen • Rückzug • Hindernisse
> Heer • Sumpf • Chance • Umweg • Stau • Schwyz • sumpfiges • dicht
> Herzog • engen • Sees • quer • nicht • Herbst

Die Schlacht am Morgarten gilt als Urmutter der Schweizer Schlachten. Morgarten war die erste Bewährungsprobe des neuen Bundes der drei Talschaften Uri, Schwyz und Unterwalden von 1291. Sie war ein Meilenstein in Richtung Unabhängigkeit und Freiheit von den Habsburgern.

Aufgabe 4: *Beschreibe, was du von der Schlacht am Morgarten erkennen kannst.*

_____
_____
_____
_____

Im Heer der Habsburger kamen 1.500 Soldaten um, während es bei den Eidgenossen nur 12 gewesen sein sollen.

Aufgabe 5: *Zähle nach, wie viele Männer auf jeder Seite gekämpft haben.*

100 Männer = ☐

Habsburger:

Eidgenossen:

☐ Habsburger

☐ Eidgenossen

Aufgabe 6: *Beantworte die Fragen schriftlich.*

1. Wie viele Habsburger konnten sich retten? _____
2. Wie viele Eidgenossen blieben am Leben? _____

Seite 16

8 Neue Bündnispartner

Den drei Urkantonen Uri, Schwyz und Unterwalden schlossen sich aus verschiedenen Gründen weitere Städte und Gebiete an. Luzern wollte sich den Zugang zum Gotthardpass sichern, Bern brauchte die Unterstützung im Kampf gegen den Adel und Zürich benötigte Verstärkung gegen die Habsburger. Jeder neue Partner im Bund vertrat eigene Interessen, wollte sich aber durch den Beitritt die Unterstützung der anderen Eidgenossen sichern. So bestand der Bund aus einer lockeren Verbindung von Städten und Gebieten. Die Interessen, die zu Beitritten führten, änderten sich im Laufe der Jahrhunderte. Waren es anfangs noch der Kampf gegen Adel und die Habsburger, waren es später wirtschaftliche und politische Gründe.

Aufgabe 1: *Trage die Namen der Kantone zu den Jahreszahlen ihres Beitritts ein.*

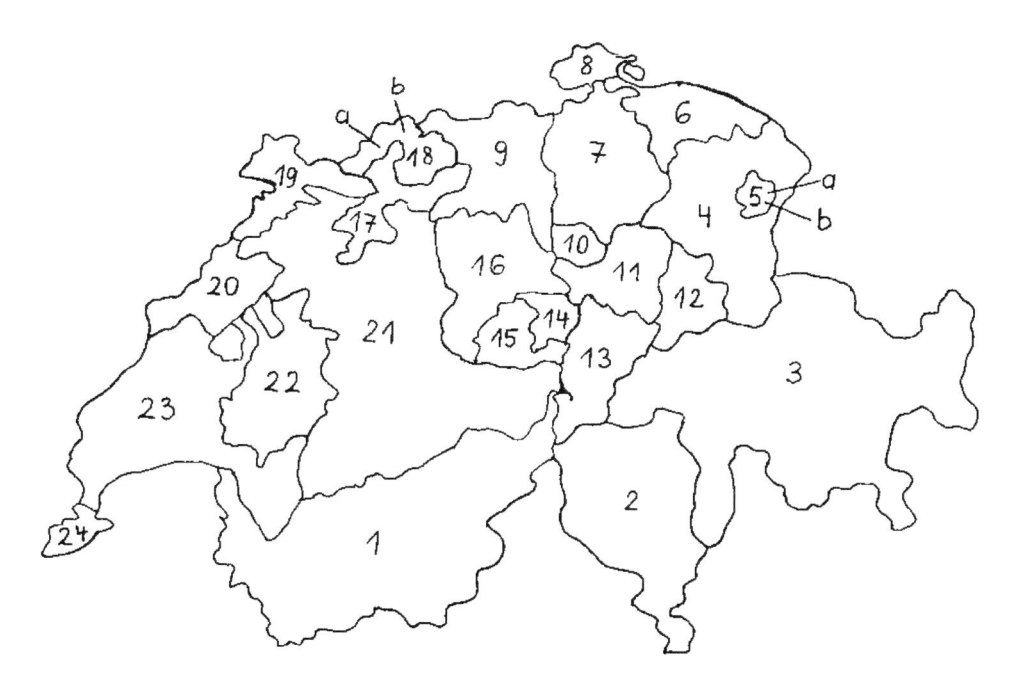

Nummer	Beitritt	Kanton	Nummer	Beitritt	Kanton
1	1815		13	1291	
2	1803		14	1291	
3	1803		15	–	
4	1803		16	1332	
5	1513		17	1481	
6	1803		18	1501	
7	1351		19	1979	
8	1501		20	1815	
9	1803		21	1353	
10	1352		22	1481	
11	1291		23	1803	
12	1352		24	1815	

9 Weiß auf Rot – Rot auf Weiß

Die Fahne eines Landes ist mehr als ein Landeskennzeichen. Sie symbolisiert das Land und ist deshalb wichtig für ein Volk.

Früher nannte man die Fahne Banner. Sie wurde vor allem in Kriegen als Feldzeichen benutzt. Die Fahne hat bei jedem Volk einen hohen Stellenwert.

Wie entstand die Schweizer Nationalfahne?

Im 13. Jahrhundert zogen die ersten Eidgenossen der Urkantone mit ihren verschiedenen Kantonsfahnen ins Feld. Der Deutsche Kaiser führte zu der Zeit zwei Fahnen mit in den Krieg. Eine Fahne zeigte das heilige Kreuz, die andere war blutrot. Sie sollte seine Macht über Leben und Tod symbolisieren. Das Recht, ein Kreuz in der Fahne führen zu dürfen, wurde ab und zu als besondere Auszeichnung an Städte oder Talschaften verliehen.

1289 unterstützten die Eidgenossen König Rudolf von Habsburg in einem Krieg gegen Burgund. Als Auszeichnung erhielten sie das Recht, das Kreuz im roten Feld zu führen.

Erst 1840 wurde die heutige Fahne durch Mehrheitsbeschluss verbindliche Nationalflagge für alle Kantone. Vorher kehrten viele Kantone zu ihrer eigenen Fahne zurück und einige Jahre gab es sogar eine Trikolore in den Farben Grün, Rot und Gelb.

Aufgabe 1: *Beantworte die Fragen schriftlich und in ganzen Sätzen.*

1. Woran lag es, dass die Kantone zeitweise zu ihren Kantonsfahnen zurückgekehrt sind?

   _____
   _____
   _____

2. Jedes Kanton zog früher mit seiner Fahne und seinen Uniformfarben in den Krieg. Welche Schwierigkeiten ergaben sich daraus?

   _____
   _____
   _____

1864 wurde die Organisation Rotes Kreuz gegründet. Die Umkehrung der Schweizer Nationalfahne rotes Kreuz auf weißem Grund ist seitdem das Erkennungszeichen des Sanitätspersonals. Nichtchristliche Länder interpretierten das Kreuz als christliches Symbol und ersetzten das Kreuz durch eigene Symbole.

Aufgabe 2: *Informiere dich, durch welche Symbole muslimische Länder und Israel das Kreuz ersetzten. Notiere.*

Muslimische Länder: _____

Israel: _____

10 Mit 250 Sachen durch die Alpen

Der Gotthard ist nicht nur ein Berg, es ist ein ganzes Bergmassiv. Hier entspringen die Reus, die Rhône, die ins Mittelmeer und der Rhein, der zur Nordsee fließt.

Der Gotthard hatte den Vorteil, dass man mit einem einzigen Auf- und Abstieg die Alpen überqueren konnte. Trotzdem wurden von Reisenden und Händlern andere Pässe benutzt. Für den Transport schwerer Güter war der Gotthardpass wegen seines steilen Aufstiegs lange Zeit ungeeignet. Zunächst gab es nur einen stellenweise befestigten Saumpfad, der für große Fuhrwerke nicht ausreichte. Die Schöllenenschlucht, durch die die Reus mit gewaltigen Wassermassen, Schlamm- und Steinlawinen schoss, war zudem ein fast unüberwindbares Hindernis. Die Schlucht verbindet die Kantone Uri und Tessin.

1230 wurde ein hölzerner Steg über die Schöllenenschlucht gebaut, was damals eine technische Meisterleistung war. Der Bau der Brücke gelang nur, so glaubte man, weil der Teufel geholfen habe. Deshalb nannte man sie Teufelsbrücke. 1595 wurde die Holzbrücke durch eine Steinbrücke ersetzt.

Der Kanton Uri hatte durch den Bau der Teufelsbrücke enorm an Bedeutung gewonnen, denn nun gab es eine schnelle Route über die Alpen nach Italien.

Das Deutsche Reich besaß auch Gebiete in Norditalien. Die Urner und der deutsche König befürchteten nun, dass sich die Habsburger, an die ihr Kanton 1218 von den deutschen Königen verpfändet worden war, der Kanton Uri wegen der strategischen Bedeutung des Gotthardpasses einverleiben könnten.

König Friedrich II. und die Urner fanden einen Ausweg. 1231 wurde Uri vom König aus der Verpfändung frei gekauft und damit reichsfrei. Der Kanton unterstand nun direkt dem König, der im Gegenzug jederzeit Zugriff auf den Gotthardpass hatte.

1707 suchte man nach einer anderen Möglichkeit, den steilen Anstieg zum Gotthardpass zu verbessern. Es wurde ein 64 Meter langer, 2,20 Meter breiter und 2,50 Meter hoher Tunnel in den Felsen gesprengt. Das Urner Loch, wie es genannt wurde, war der erste Straßentunnel. Dafür baute man eine neue Steinbrücke.

10 Mit 250 Sachen durch die Alpen

Am Ende des 18. Jahrhunderts wurde der Saumweg weiter ausgebaut. Teilweise erstellte man eine 8 Meter breite Straße. Postkutschen rollten über den Gotthard.

1872 begann man in einem Großprojekt einen 15 Kilometer langen Tunnel durch den Felsen zu graben, der 1880 fertiggestellt wurde. Durch diese Eisenbahnstrecke war das Tessin zum ersten Mal über eine schneefreie Strecke zu erreichen.

Die Steigung hatte man in dem Tunnel von bisher 1100 m auf 550 m abgesenkt, sodass Güterzüge mit 160 km/h und 40 Waggons auf nun fast ebener Strecke fahren können. Ab 2017 sollen Personenzüge auf einer Hochgeschwindigkeitstrasse mit 250 km/h durch den Tunnel rasen können.

Aufgabe 1: Löse das Rätsel (Ö =OE, Ü = UE, ß = SS).

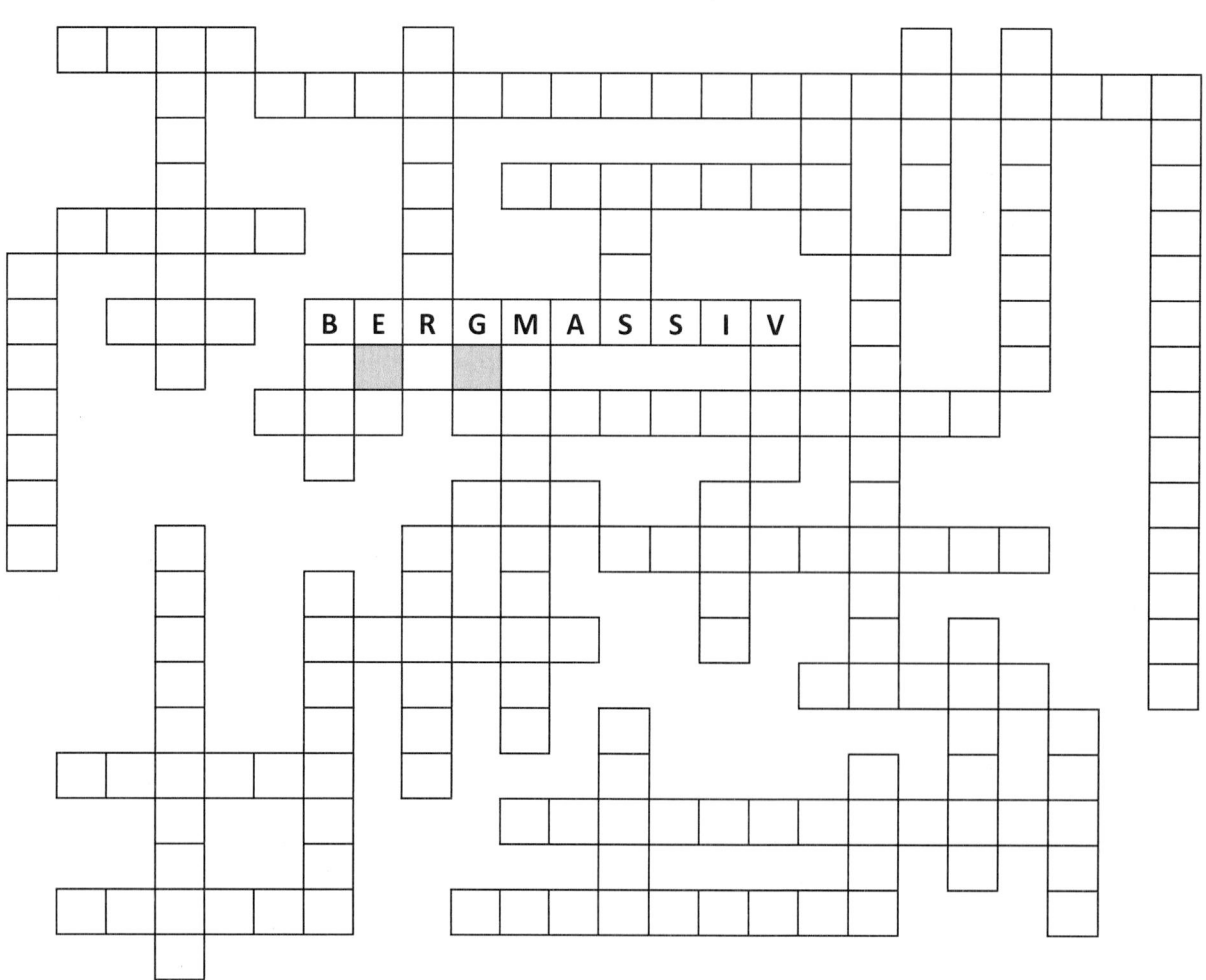

3 B.	URI BAU WEG	8 B.	AUFSTIEG STEIGUNG GOTTHARD SAUMPFAD
4 B.	REUS STEG BERG VOGT ENDE LOCH PASS	9 B.	HINDERNIS FRIEDRICH
5 B.	RHEIN ALPEN URNER RHONE METER	10 B.	~~BERGMASSIV~~ MITTELMEER HABSBURGER REICHSFREI
6 B.	TUNNEL FELSEN KOENIG AUSWEG KANTON	11 B.	STRATEGISCH
7 B.	NORDSEE GEBIETE	12 B.	GROSSPROJEKT
		14 B.	TEUEFELSBRUECKE
		18 B.	SCHOELLENENSCHLUCHT

11 So funktioniert die Regierung

> Die Schweiz ist eine Willensnation. Unter einer Willensnation versteht man einen Staat, der sich aus einer bewusst gewollten Gemeinschaft freier Bürger gebildet hat.
>
> Die Macht einer Willensnation liegt nicht in einem starken Zentrum, sondern die Gesellschaft der Bürger übernimmt die Verantwortung für das Gemeinwohl aller.
>
> Eine Willensnation kann man nicht verordnen. Sie braucht lange Zeit, um zu wachsen.
>
> Einer Willensnation liegt ein allgemeiner Wille zugrunde. Der gemeinsame Wille in der Schweiz besteht darin, ein Maximum an politischer Freiheit zu haben.

Aufgabe 1: *Beantworte die Fragen schriftlich und in ganzen Sätzen.*

1. Wo liegt der Ursprung der schweizerischen Willensnation?

_____

_____

_____

2. Wodurch ist die Schweiz über Jahrhunderte zu einer Willensnation gewachsen?

_____

_____

_____

> Die Schweiz ist ein Bundesstaat, der aus den Kantonen besteht. Die politischen Ebenen sind: die Gemeinden, die Kantone und der Bund.

Aufgabe 2: *Trage die politischen Gremien und einige wichtige Daten nach den Textangaben ins Schaubild auf der nächsten Seite ein.*

Der **Bundesrat** wird auf 4 Jahre vom Parlament / Vereinigte Bundesversammlung gewählt und ist die Bundesregierung. Er besteht aus 7 gleichberechtigten Mitgliedern, die Leiter der einzelnen Ministerien sind. Der **Bundespräsident** wird jährlich aus dem Bundesrat gewählt. Er leitet den Bundesrat in seiner Amtszeit, ist aber kein Staatsoberhaupt.

Das **Parlament / Vereinigte Bundesversammlung** besteht aus zwei gleichberechtigten Kammern, dem Nationalrat und dem Ständerat.

Der **Nationalrat** ist die Volksvertretung und besteht aus 200 Abgeordneten aus allen Kantonen, die von den Bürgern auf 4 Jahre gewählt werden. Jeder Kanton stellt einen oder mehrere Nationalräte je nach Bevölkerungsanzahl. Der Präsident des Nationalrates wird jährlich neu gewählt. Er ist der höchste Mann im Staat, weil er der Repräsentant des gesamten Schweizer Volkes ist.

Der **Ständerat** ist die Kantonsvertretung und besteht aus 46 Vertretern der 26 Kantone, die von den Bürgern auf 4 Jahre gewählt werden. Der Ständerat wählt jährlich einen neuen Präsidenten. Die Wiederwahl für das folgende Jahr ist wie beim Präsidenten des Nationalrates ausgeschlossen.

11 So funktioniert die Regierung

Nationalrat und Ständerat verhandeln gemeinsam als **Vereinigte Bundesversammlung** unter dem Vorsitz des Nationalratspräsidenten. Nationalrat und Ständerat tagen getrennt. Für Beschlüsse der Bundesversammlung ist eine Übereinstimmung beider Räte erforderlich.

Die Abgeordneten beider Räte gehen neben ihrer parlamentarischen Arbeit einem normalen Beruf nach.

Das Parlament / Vereinigte Bundesversammlung wählt gemeinsam:
- die 7 Mitglieder des Bundesrates (Bundesregierung) für 4 Jahre
- den Bundeskanzler für 4 Jahre
- die Mitglieder der Gerichte und den Bundesanwalt für 6 Jahre
- den General der Schweizer Armee (nur im Fall von Kriegsgefahr)

Etwa viermal im Jahr finden **Volksabstimmungen** statt. Das kann in der Gemeinde, im Kanton oder im Bund erfolgen. Die Themen, über die die Schweizer Bürger direkt abstimmen können, können auch durch Initiative des Volkes vorgeschlagen werden.

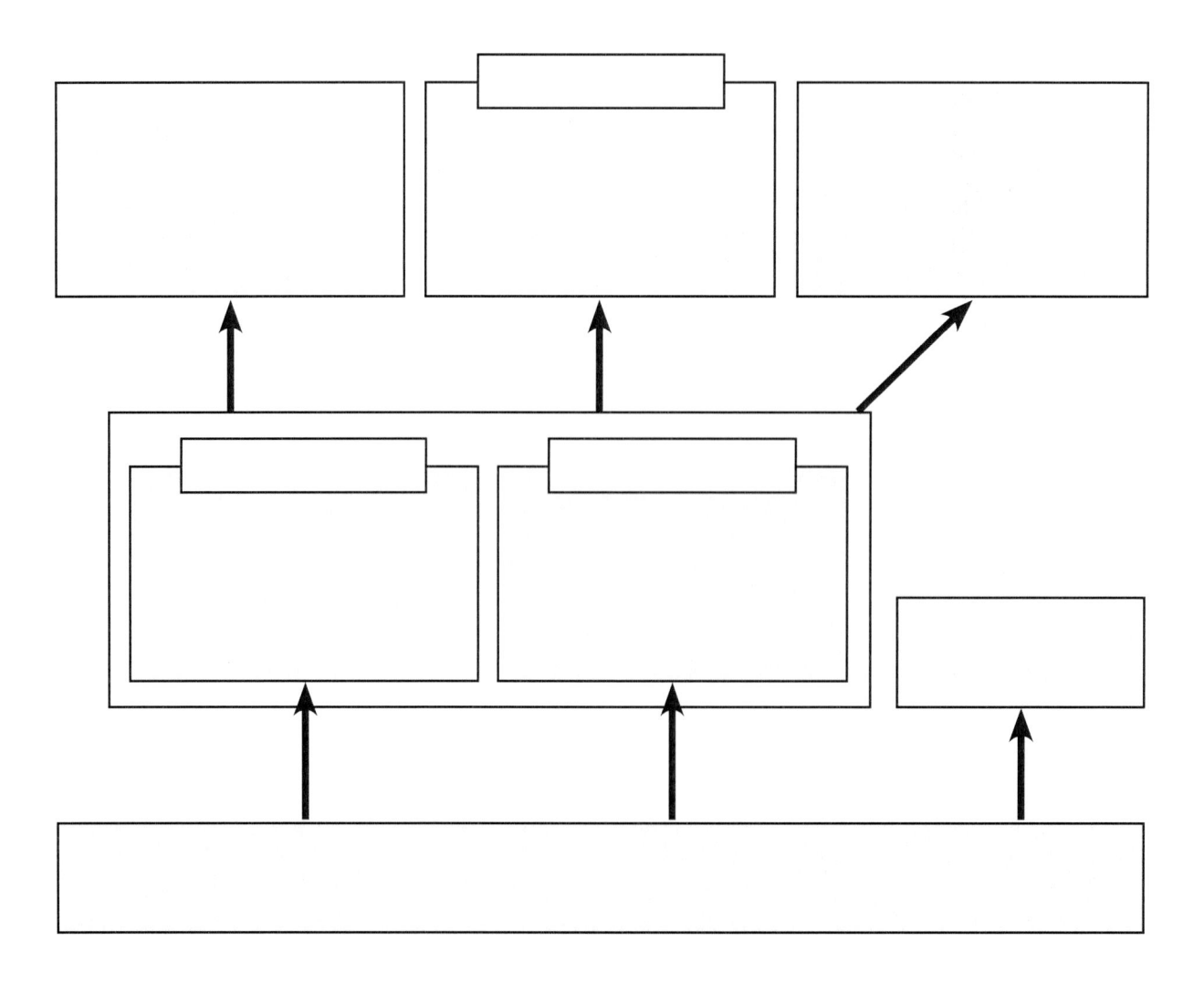

12 Sprachgewirr oder was?

Die Schweiz ist eine Willensnation. Der Schweizer Eidgenossenschaft traten im Laufe der Jahrhunderte Gebiete (Kantone) bei, deren Bevölkerungsgruppen sich in ihren Eigenschaften wie Sprache, Kultur, Tradition, Religion, Gebräuche usw. mehr oder weniger unterschieden.

Eine Angleichung der verschiedenen Eigenschaften, wie z.B. einer gemeinsamen Sprache, war nicht vorgesehen. Die Gemeinsamkeit war lediglich der Wille durch den Beitritt ein Maximum an politischer Freiheit / Selbstbestimmung zu genießen.

Landessprachen sind nicht gleich Amtssprachen

Die Landessprachen in der Schweiz sind Deutsch, Französisch, Italienisch und Rätoromanisch.

Die Amtssprachen des Bundes dagegen sind Deutsch, Französisch und Italienisch.
Hier gilt eine Besonderheit. Nur knapp 1% der Bevölkerung hat Rätoromanisch als Muttersprache und nur für die gilt das Rätoromanische auch als Amtssprache des Bundes.

Aufgabe 1: *Analysiere das Schaubild. Beantworte die Fragen schriftlich und in ganzen Sätzen.*

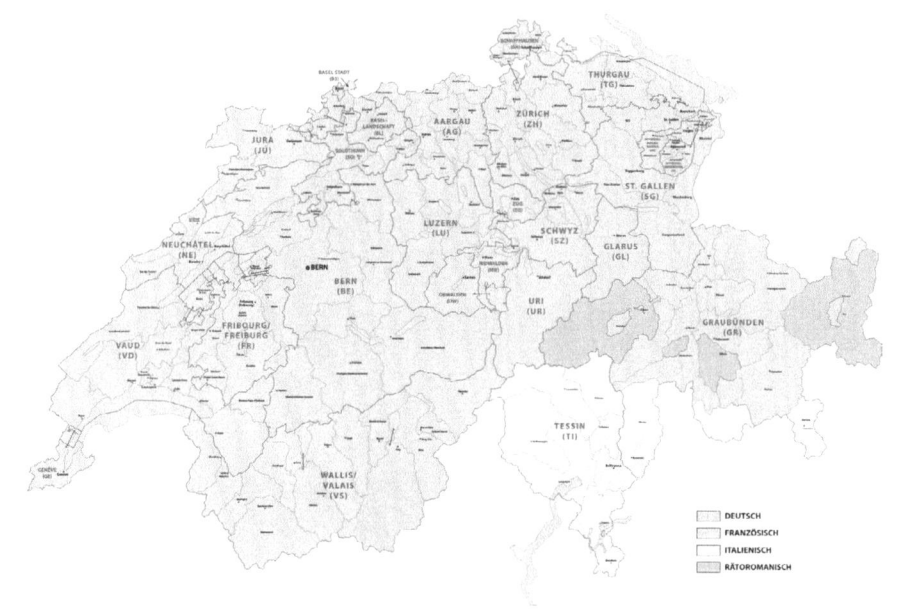

1. In welchen Kantonen bestehen Bevölkerungsgruppen mit rätoromanischer Muttersprache?

_____

_____

2. Welche Landessprache ist am häufigsten vertreten?

_____

_____

2. Welche Gründe kann es haben, dass im Westen der Schweiz Französisch und im Süden Italienisch Landessprache ist?

_____

_____

Seite 23

12 Sprachgewirr oder was?

Da auf Bundesebene drei Amtssprachen gelten, können Bürger in eine der Amtssprachen Schreiben an den Bund verfassen. Sie bekommen Antwortschreiben in derselben Amtssprache zurück.

Die Kantone und Gemeinden bestimmen selber, welche Sprache in ihren Gebieten Amtssprache sein soll.

Aufgabe 2: *Welche politische Einstellung zeigt sich darin, dass Kantone und Gemeinden ihre Amtssprache selbst bestimmen können? Notiere.*

_____

_____

Da die Schweiz viersprachig ist, nimmt man an, dass die meisten Bürger auch mindestens Deutsch, Französisch und Italienisch beherrschen. Das ist nicht so. Die meisten Bürger sprechen außer ihrer Muttersprache vielleicht noch eine eventuell auch zwei der anderen Landessprachen. Sie müssen sie wie jede andere Fremdsprache lernen. Alle vier Sprachen beherrschen nur die Institutionen des Bundesstaates.

Aufgabe 3: *Überlege, welche Konsequenzen das für einen Berufs- oder Schulwechsel in den Teil der Schweiz mit einer anderen Landessprache haben kann. Notiere deine Gedanken.*

_____

_____

Die englische Sprache hat in vielen Ländern an Bedeutung gewonnen. Das erleichtert die Kommunikation zwischen Menschen unterschiedlicher Muttersprachen. So ist es auch in der Schweiz. Die Bürger unterschiedlicher Sprachregionen unterhalten sich immer häufiger in Englisch. Schulen in der Schweiz unterrichten deshalb nicht mehr Französisch als erste Fremdsprache sondern Englisch.

Aufgabe 4: *Welchen Vor- und welchen Nachteil hätte es für die Schweizer, wenn die Institutionen des Bundes statt der vier Amtssprachen nur Englisch als Amtssprache einführen würden? Notiere in ganzen Sätzen.*

_____

_____

Aufgabe 5: *Überlege, was in der Schweiz auf jeden Fall viersprachig zu lesen sein wird! Notiere deine Ideen.*

_____

_____

17 der 26 Kantone sind deutschsprachig. Das sind fast 70% der gesamten Schweizer Bevölkerung.

Die Bevölkerung spricht aber kein Hochdeutsch sondern Schweizerdeutsch, das es in vielen Dialekten gibt. Hochdeutsch, wie wir es kennen, wird in den Schulen ab dem 1. Schuljahr als Fremdsprache unterrichtet. Das Deutsch in der Schweiz nennt man Schwyzerdütsch.

Seite 24

13 Verstehst du Schwyzerdütsch?

Das Schwyzerdütsch ist für unsere Ohren eine Fremdsprache. Und das ist sie ja auch. Bei einer Kommunikation in Schwyzerdütsch versteht man nur wenig, Aber wenn man die geschriebene Sprache langsam liest, kann man einiges verstehen und in unser Hochdeutsch übersetzen.

Aufgabe 1: *Versuche die Sätze ins Hochdeutsche zu übersetzen. Notiere.*

a) Chönnted Si s'Feischter zuemache, wänn Sie wänd so guet si, es seichet ine.

_____

_____

b) Ich chume de Pfnüsel über.

_____

c) Hütt gani mal früe go pfuuse.

_____

Aufgabe 2: *Verbinde das Wort aus dem Schwyzerdütsch mit dem Wort auf Hochdeutsch durch eine Verbindungslinie. Lasse deine Fantasie walten.*

Schwyzerdütsch	Hochdeutsch
äxgüsi	Kuss
Schmatz	sofort
Düssu	aufwärts
Hüsli	Tablette
Ballottä	Hände
Scheichä	Kopf
Chlööpä	Bein
Ziit	Kleingeld
Dädi	Ball
obsi	Bonbon
schlüünig	Toilette
Dröbsli	Vater
Latz	Entschuldigung
Münz	Uhr
Pülferli	Mund

14 Eine Erfolgsgeschichtet

Die Schweiz ist neutral. Neutralität bedeutet Nichtbeteiligung eines Staates an einem Krieg anderer Staaten.

Die Schweiz hat die Neutralität nicht erfunden. Es gab schon in der Antike und im Mittelalter neutrale Staaten, aber die Schweiz hat sie schon 500 Jahre und damit am längsten durchgehalten. Eine echte Erfolgsgeschichte!

Seit Beginn der Neutralität galt der Satz: Beladend üch nit frembder sachen! Ohne Neutralität hätte die Schweiz als lockerer Bund nicht überlebt und wäre nicht zum Bundesstaat zusammengewachsen.

Die Neutralität hat dazu beigetragen, das Land aus Kriegen anderer Staaten herauszuhalten und den Frieden für die Bevölkerung zu sichern. Deshalb gehört die Schweiz auch nicht der NATO und der Europäischen Union an und hat ihre Währung der Rappen und Franken behalten statt den Euro einzuführen.

Die Neutralität der Schweiz wird in anderen Ländern positiv aber auch negativ bewertet: Heuchelei, kluge Politik, Feigheit, andere Staaten in Europa führen Kriege für die Sicherheit der Schweiz mit (Trittbrettfahrer / Abstauber).

Aufgabe 1: *Welcher Meinung bist du? Notiere und begründe sie.*

_____

_____

_____

Aufgabe 2: *Fülle den Lückentext mit den passenden Wörtern aus.*

**Roten • fünf • Kriegszeiten • Rohstoffe • Flüchtlingen • Krieg • Sitz
Staaten • strategisch • Neutralität • Durchmarsch • Partei**

Die _____ der Schweiz soll _____ Funktionen erfüllen. Die Integrationsfunktion dient dem inneren Frieden und Zusammenhalt. Die Unabhängigkeitsfunktion hält _____ vom eigenen Land fern, wendet Machtübergriffe anderer _____ ab und sichert damit den äußeren Frieden. Die Freihandelsfunktion ermöglicht auch in _____ den Handel mit den kriegführenden Ländern und verhilft wirtschaftlich zu überleben, denn die Schweiz besitzt kaum _____ und ist auf den Außenhandel angewiesen. Die Gleichgewichtsfunktion erlaubt es nicht, _____ für ein Land zu ergreifen. Sie verweigert anderen Ländern die Errichtung von Stützpunkten oder den _____ von Nord nach Süd, denn ihr gehören die _____ wichtigen Alpenpässe. Die Dienstleistungsfunktion beschränkt sich auf die Aufnahme von _____, auf den _____ internationaler Organisationen und deren Konferenzen. Die bedeutendste Initiative in diesem Rahmen war die Gründung des _____ Kreuzes 1864.

15 Leibwache der Päpste

Die Schweiz ist für ihre Neutralität bekannt. Darum wirkt es wie ein Widerspruch, dass das kleine Land dem Vatikan in Rom seit 1506 bis heute eine bewaffnete Truppe zur Verfügung stellt. Sie ist heute der kleinste militärische Verband der Welt.

Aufgabe 1: *Die Bevölkerung in der Schweiz war damals bitterarm. Überlege, warum es kein Widerspruch war, Männer als Soldaten ins Ausland zu schicken. Notiere.*

_____

_____

Die Gründung der Schweizergarde

Papst Julius II. beauftragte den Luzerner Prälaten 200 Söldner in der Schweiz anzuwerben und nach Rom zu bringen. Auch andere Länder warben gerne Männer aus der Schweiz als Soldaten an, da die Schweizer als tapfer und strategisch geschickt galten. Im Januar 1506 trafen die Söldner in Rom ein und wurden vom Papst in Dienst genommen. Damit war die Schweizergarde gegründet.

Papst Julius II. war damals nicht nur oberster Kirchenchef der katholischen Kirche, sondern er regierte auch als weltlicher Fürst. Das Staatsgebiet des Vatikanstaates erstreckte sich damals über große Gebiete Mittelitaliens. Mächtige Familienclans in Italien schreckten auch nicht davor zurück, einen Papst zu beseitigen, wenn sie einen der ihren auf dem Papstthron sehen wollten, um mehr Macht und Einfluss zu gewinnen.

Aufgabe 2: *Aus welchen zwei Gründen legte sich Papst Julius II. eine Kirchenarmee mit der Schweizergarde zu? Notiere.*

1. _____

2. _____

Der 6. Mai 1527 war der schwärzeste Tag für die Schweizergarde. Rom wurde überfallen und ausgeplündert. 147 der 189 Gardisten kamen ums Leben. Die restlichen Leibwächter konnten dem Papst nur mit Mühe und Not zur Flucht in die nahe gelegene Engelsburg verhelfen. Heute ist der 6. Mai der Gedenktag der Schweizergarde.

15 Leibwache der Päpste

Wer Mitglied der Schweizergarde werden möchte, muss strenge Voraussetzungen erfüllen. Es kommen nur katholische Männer und Schweizer Staatsbürger in Frage. Der Lebenslauf muss tadellos, das Alter zwischen 19 und 30 Jahren sein, Nur unverheiratete Bewerber mit einer abgeschlossenen Berufsausbildung und einer Körpergröße von mindestens 174 Zentimetern haben eine Chance.

Bei der Vereidigung der neuen Gardisten am 6. Mai (Gedenktag) müssen sie geloben, ihr Leben im Notfall für den Papst zu opfern. Die Amtssprache in der Garde ist Deutsch, aber sie sind verpflichtet, einen italienischen Sprachkurs zu besuchen. Zudem sind weitere Fremdsprachen erwünscht, damit sie Touristen Auskunft geben können.

Aufgabe 3: *Stelle dir vor, du möchtest Mitglied in der Schweizergarde werden. Im Text findest du die Voraussetzungen. Schreibe das Bewerbungsschreiben so günstig, dass du als Rekrut angenommen wirst. Schreibe ins Heft. TIPP: siehe Bild.*

Name: _____
Alter: _____
Konfession: _____

Die Schweizergarde in der heutigen Zeit

Die prächtigen Uniformen der Schweizergarde wie sie heute ist, entstanden im 20. Jahrhundert. Sie werden bei Ehrendiensten getragen, wenn es um repräsentative Aufgaben geht: bei Messen im Petersdom, bei Audienzen des Papstes, beim Empfang von Gästen oder als Hingucker für Touristen als Wachposten. Bei dem Besuch von Staatsoberhäuptern bilden die Gardisten eine Ehrenformation und tragen einen Helm mit rotem Federbusch statt der sonst üblichen Baskenmütze.

Aufgabe 4: *Die meisten Gardisten haben heute andere Aufgaben ohne die prächtige Uniform. Welche könntest du dir vorstellen? Notiere in ganzen Sätzen ins Heft. Stichwörter: Bodyguard, Sicherheitsdienst, Geheimdienst.*

16 Die JUKIBU

JUKIBU klingt nach einem seltenen Tier. Ist aber eine Abkürzung für eine tolle Einrichtung für Kinder und Jugendliche in der Stadt Basel.

JUKIBI ist die Abkürzung für **Interkulturelle Bibliothek für Kinder und Jugendliche**.

Das Besondere an der Bibliothek ist, dass sie Bücher, CDs, Kassetten und Videos in etwa 50 verschiedenen Sprachen ausleiht, die etwas über andere Länder und Kulturen erzählen.

Die JUKIBU ist vor 20 Jahren in Basel entstanden, weil in dieser Region viele Familien aus verschiedenen Ländern leben und die Kinder mehrsprachig aufwachsen. Sie begegnen in der Schule und der Nachbarschaft anderen Kindern aus anderen Kulturen. Dadurch lernen sie ganz selbstverständlich, mit anderen Sprachen, Gebräuchen und Kulturen zu leben.

Aufgabe 1: *Nenne mindestens 10 Sprachen aus aller Welt.*

Die JUKIBU hat regelmäßig Veranstaltungen für Kinder. Für 4- und 5-jährige z.B. werden Märchen gleichzeitig in zwei Sprachen wie Japanisch und Englisch oder Deutsch und Französisch erzählt oder ältere Kinder können an einem Buchbinderkurs teilnehmen. Um den Bibliotheksbetrieb kümmern sich u.a. auch engagierte Eltern aus verschiedenen Sprachgruppen. Gelebte Integration!

Aufgabe 2: *Würdest du dir auch eine Interkulturelle Bibliothek wünschen, in der du nicht nur Medien ausleihen sondern auch Kinder aus anderen Ländern treffen kannst? Notiere.*

Aufgabe 3: *Schreibe ein Akrostichon zur JUKIBU.*

B	
I	n der Stadt Basel
B	
L	
I	
O	
T	
H	
E	
K	

17 Kinder-Universität

Die Stadt Zürich hat eine Universität, in der Studenten ihrem Studium nachgehen können. Sie beherbergt aber eine Besonderheit, nämlich seit 2004 eine Kinder-Universität, an der Schüler und Schülerinnen der Klassen 3 bis 6, also der Grundschule, denn in der Schweiz erstreckt sich die Grundschulzeit von Klasse 1 bis 6.

Es gibt ein Frühjahrs- und Herbstsemester mit Vorlesungen und Kursen, für die sich die Kinder einschreiben können.

In den Vorlesungsreihen geht es um wissenschaftliche Themen aus den Gebieten der Medizin, Physik und Chemie, aber auch Rechtskunde, die von Experten so erklärt werden, dass Kinder sie auch verstehen. In den einzelnen Kursen werden wissenschaftliche Experimente gemacht.

Die Teilnehmer der Vorlesungen machen z.B. eine Entdeckungsreise durch das Kleinhirn, bekommen erklärt, warum Eisen magnetisch ist oder wie uns Parasiten austricksen. In den Kursen werfen die Kinder Blicke durchs Mikroskop auf die Haut oder auf Zecken und machen Gefühle sichtbar.

Aufgabe 1: Finde 6 Themen oder Fragen, die dich interessieren würden!
Beispiel: Warum gehorchen uns unsere Hände und Füße?

1. _____
2. _____
3. _____
4. _____
5. _____
6. _____

Bei dem Besuch in der Universität hören und lesen die Kinder unbekannte Begriffe. Doch bald wissen sie, was dahinter steckt. Weißt du es auch?

Aufgabe 2: Ziehe Verbindungslinien zwischen der Frage und der richtigen Erklärung.

Was ist ein Hörsaal?	Eine Gruppe von Wissenschaften wie z.B. die medizinische oder theologische Fakultät.
Was ist eine Vorlesung?	Das Frühjahrssemester dauert 3 Monate, das Herbstsemester 4 Monate.
Wie lange geht ein Semester?	Eine Unterrichtsstunde, in der Themen erklärt werden, die man fürs Studium braucht.
Was ist eine Fakultät?	Ein riesiges Klassenzimmer für Vorlesungen für mehrere hundert Studenten

18 Der Ball ist doch rund

Vieles ist in der Schweiz anders als in anderen Ländern. Sie hat eine gewählte Hauptstadt und benutzt vier verschiedene Amtssprachen, aber eins ist genauso wie überall: Fußbälle sind rund!

Hat die Schweiz eine Fußballbundesliga und eine Nationalmannschaft? Ja hat sie – beides!

Die Schweizer Nationalmannschaft spielt keine große Rolle im Weltfußball, kann aber immer wieder gute Spieler in ausländische Klubs transferieren (abgeben), weil großer Wert auf die Ausbildung von Nachwuchsspielern gelegt wird.

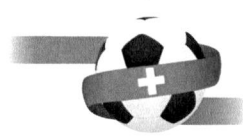

Immerhin steht die Schweizer Nationalmannschaft in der FIFA Weltrangliste auf Platz 12. Von 1934 bis 1994 nahm die Nationalmannschaft an der Weltmeisterschaft teil und schaffte es viermal bis ins Viertelfinale (1934, 1938, 1954, 2014).

Unsere Fußballbundesliga heißt in der Schweiz schlicht 1. Liga. In ihr spielen statt der 18 Vereine der Bundesliga nur 10 Klubs um die Schweizer Meisterschaft.

Aufgabe 1: Welche 10 Klubs spielen in der 1. Liga? Notiere (FC = Fußball Club).

FCB	
GC	
YB	
FCL	
FCSG	
FCSIO	
FCTHU	
FCLUG	
FCZ	

Aufgabe 2: Als 10. Verein gehört der FC Vaduz aus Liechtenstein dazu. Warum gehört er zum Schweizer Fußballverband und nicht zum Liechtensteiner? Notiere.
TIPP: Landkarte ansehen.

_____

_____

19 Berühmte Schweizer

Die Schweiz hat viele berühmte Persönlichkeiten hervorgebracht: Wissenschaftler, Schriftsteller, Fabrikanten, Rennfahrer, Schauspieler, Musiker, Tennisspieler, Architekten und Erfinder.

Der Schweizer Werbeslogan „Wer hat's erfunden?" trifft nicht nur auf das Hustenbonbon zu. Viele Dinge unseres Alltags wurden in der Schweiz erfunden. Misst man die Patentanmeldungen für Erfindungen an der Anzahl der Einwohner, dann liegt die Schweiz damit auf dem 1. Platz weltweit.

Aufgabe 1: *Von einigen berühmten Schweizern hast du sicher schon gehört. Schneide die Bilder und Kurzbiografien aus und klebe sie passend zueinander auf ein Schreibblatt.*

⑤
Er wurde 1846 im Kanton Thurgau geboren und war Unternehmer / Fabrikant für Lebensmittel. Seine Erfindung, ein Brühwürfel, ist heute noch berühmt und findet sich auch heute in Supermärkten. Er starb 1912.

Henri Dunant

Leonhard Euler

⑦
Der 1911 in Zürich geborene Schriftsteller und Architekt schrieb neben anderen den berühmten Roman "Homo Faber". Neben seiner Schriftstellerei arbeitete er für das Theater und liebte das Reisen. Er starb am 4.4.1991 in Zürich.

⑥
Geboren wurde er 1879 in der Schweiz und wanderte nach Amerika aus. Er war Rennfahrer und Automobilkonstrukteur. 1911 gründete er eine eigene Automobilfabrik. Er starb 1941 in Detroit (USA).

DJ Bobo

19 Berühmte Schweizer

②
Sein Geburtsort 1828 war Genf. Er war Geschäftsmann und Gründer des Internationalen Roten Kreuzes. Dafür schlug er vor, die Farben der Schweizer Fahne umzukehren. 1901 erhielt er als Erster den Friedensnobelpreis.

Julius Maggi

Johanna Spyri

⑧
Sie ist die erfolgreichste Schweizer Eiskunstläuferin. 1962 wurde sie in Zürich geboren. 1981 war sie Welt- und Europameisterin und sprang als erste Frau einen Dreifachsprung. Sie erfand eine Pirouette, die nach ihr benannt wurde.

③
Er wurde 1968 im Kanton Aargau geboren und ist ein erfolgreicher Popsänger, Eurodancer und Musikproduzent. Sein wirklicher Name ist Peter René Baumann.

Max Frisch

Denise Biellmann

①
Sie wurde 1827 in Hirzel geboren und Schriftstellerin. Für ein Kinder- und Jugendbuch schuf sie die weltweit bekannte Romanfigur „Heidi". Das Buch wurde verfilmt und als Zeichentrickserie produziert.

④
Er wurde 1707 in Basel geboren und wurde der bedeutendste Mathematiker der Geschichte. Er forschte an der Akademie der Wissenschaft in St. Petersburg (Russland) und an der preußischen Akademie in Berlin.

Louis Chevrolet

20 Basler Fasnacht

Die Fastnacht/Karneval in Basel ist die größte der Schweiz und beginnt am Montag nach Aschermittwoch morgens um 4 Uhr. Sie dauert drei Tage und endet am Donnerstag genau um 4 Uhr morgens. Die Schweizer bezeichnen die Fastnacht/Karneval als die drei schönsten Tage oder die drey scheenschte Dääg.

Aufgabe 1: *Vergleiche die Fastnachts- oder Karnevalsdauer mit unserer. Notiere.*

_____

_____

Die Basler Fasnacht beginnt am Montagmorgen um 4 Uhr mit dem sog. Morgenstraich. Dazu wird die Straßenbeleuchtung in der Innenstadt ausgeschaltet.

Die Fastnachtsgruppen sind kostümiert und tragen oder fahren Laternen. Licht kommt noch von einer 4 m hohen Zuglaterne, die vorweg getragen wird. Die Laternen der Gruppen sind riesig, werden auf Wagen gefahren und zeigen politische oder andere Motive, ähnlich der Karnevalswagen in Deutschland.

Mit Pfeiffern und Trommlern marschieren die Fastnachtsgruppen durch die Stadt. Restaurants und Kneipen haben schon geöffnet, in die die vielen Zuschauer einkehren können.

Am Montag und Mittwoch finden die Umzüge durch die Innenstadt statt, wobei die Gruppen ihre Fastnachtswagen zeigen. Von den Wagen werden Süßigkeiten an die Kinder verteilt. Wer keine Fastnachtsplakette trägt, bekommt statt der Süßigkeiten eine Ladung Konfetti ab.

Die aktiven Fastnachtsteilnehmer im Zug sind kostümiert und tragen alle eine Maske, um nicht erkannt zu werden. Bei den Zuschauern ist es nicht üblich, sich zu kostümieren, zu schminken, laut zu singen oder zu klatschen. Auch zu viel Alkohol ist bei Zuschauern und Zugteilnehmern verpönt.

Aufgabe 2: *Beschreibe die Unterschiede zwischen der Basler Fasnacht und dem Karneval in Deutschland in ganzen Sätzen.*

_____

_____

_____

_____

21 Wirtschaft (nicht Kneipe!)

Die Volkswirtschaft der Schweiz gehört zu einer der stabilsten der Welt. Die wichtigsten Säulen sind der Dienstleistungssektor mit seinen Banken und Versicherungen, der Tourismus und die Industrie für Präzisionsgeräte wie Uhren und medizinische Geräte.

Die Schweiz ist arm an Rohstoffen. Es werden Kies, Kalkstein, Granit und Salz abgebaut. Kohlevorkommen gibt es kaum.

Aufgabe 1: *Was bedeutet es für den Export ins Ausland, wenn ein Staat wenige Rohstoffe hat? Notiere.*

_____

_____

Die Schweiz ist überwiegend ein Gebirgsland. Es bleibt wenig Fläche für den Anbau von Getreide, Kartoffeln und Rüben. In den Alpen kann aber Vieh- und Milchwirtschaft betrieben werden.

Aufgabe 2: *Welches Milchprodukt wird exportiert und ist ein Markenzeichen der Schweiz? Notiere.*

_____

_____

Der wichtigste Rohstoff in der Schweiz ist die Wasserkraft. Wasserkraftwerke tragen zu 52% zur gesamten Stromerzeugung bei. Es gibt 52 Speicherseen mit einer Kapazität zwischen 9 Mio und 400 Mio. Litern Wasser. Die meisten Seen sind durch Talsperren aufgestaut.

Aufgabe 3: *Schätze, wie viel Prozent die Wasserkraft in Deutschland zur gesamten Stromerzeugung beiträgt. Notiere.*

_____ %

Der Tourismus ist ein wichtiger Wirtschaftszweig in der Schweiz und die viertgrößte Einnahmequelle. 2013 gaben ausländische Gäste 24 Milliarden Franken für Verpflegung und Übernachtungen aus. Touristen schätzen die herrliche Landschaft, die mittlerweile gut zugänglichen Berge und das Skifahren im Winter. Ein Vorteil ist die zentrale Lage der Schweiz in Europa.

Aufgabe 4: *Welche Nachteile hat der Tourismus für die Schweiz? Notiere.*

_____

_____

_____

_____

22 Felsige Giganten

Wenn man den Namen Schweiz hört, denkt man sofort an Berge.

Der höchste Berg ist die Dufourspitze in den Walliser Alpen mit 4.634 m Höhe. Das Matterhorn ist der bekannteste Berg mit 4.478 m.

Nicht weniger bekannt ist das Dreigestirn Eiger (3.970 m), Mönch (4.107 m) und Jungfrau (4.158 m). Besonders die steil abfallende Nordwand des Eigers ist eine stete Herausforderung für Bergsteiger.

Aufgabe 1: *Notiere die beiden Namen der Kantone.*

Zeichne Matterhorn, Eiger, Mönch und Jungfrau ein.

Kennzeichne jeden der Berge durch ein Dreieck und beschrifte es.

TIPP: Landkarte

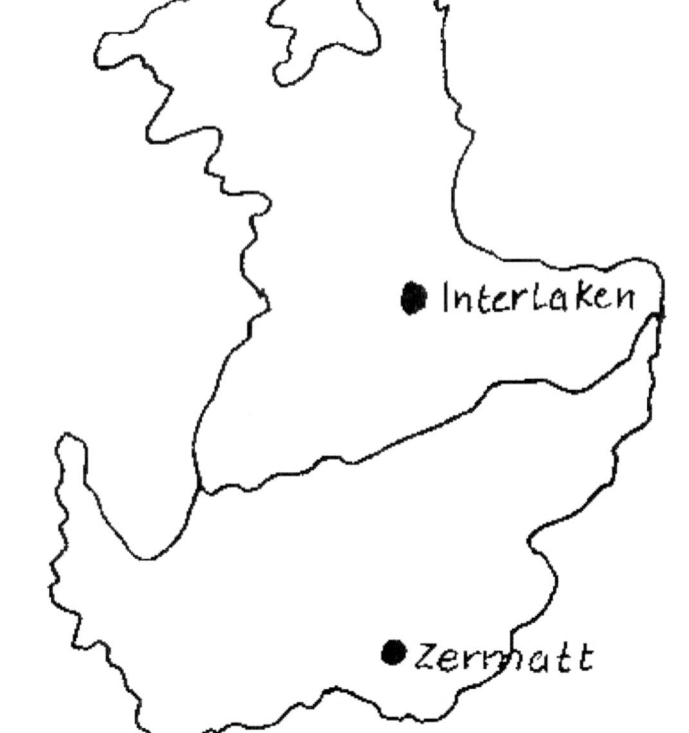

Kantone:

_____

_____

22 Felsige Giganten

Das Matterhorn: Seine Form kommt unserer Vorstellung von einem Berg sehr nahe. Genau so zeichnet jeder ein Bild von einem Berg, wenn er dazu aufgefordert wird.

Obwohl er von acht Viertausendern in seiner Umgebung überragt wird und er mit 4.478 m Höhe etwas unscheinbarer wirkt, übte er schon immer eine große Faszination auf Touristen und Bergsteiger aus. Doch lange galt er als unbezwingbar.

Aufgabe 2: *Sieh auf einer Landkarte nach, in welchem See sich das Matterhorn spiegelt. Notiere.*

_____

Der Ehrgeiz, das Matterhorn zu bezwingen, macht Zermatt zum Anziehungspunkt für den Tourismus. 1855 ließ ein findiger Seifenfabrikant das erste Hotel in Zermatt errichten. 1863 konnten die Touristen die erste Pauschalreise buchen.

Aufgabe 3: *Der armen Bevölkerung bietet sich bei den Touristen, die das Matterhorn besteigen wollen, eine neue Verdienstmöglichkeit. Welche? Notiere.*

_____

Im Juli 1865 schaffte es der Engländer Edward Whymper mit sechs Begleitern bis zum Gipfel des Matterhorns. Das Matterhorn war bezwungen. Doch beim Abstieg stürzen vier der Gruppe ab und sterben. Seit 1898 fährt eine Zahnradbahn von Zermatt bis auf 3089 m Höhe.

Aufgabe 4: *Schreibe ein Elfchen wie in dem Beispiel über den Text Giganten.*
(1. Zeile = 1 Wort, 2. Zeile = 2 Wörter, 3. Zeile = 3 Wörter, 4. Zeile = 4 Wörter, 5. Zeile = 1 Wort)

Beispiel:
Matterhorn
Bekanntester Berg
Schwer zu bezwingen
Ein Engländer schaffte es
Katastrophe

23 Blaue Giganten

Die Schweiz hat viele Berge, aber sie verfügt auch über 1.500 Seen. Die meisten davon sind Bergseen. Die größeren Seen sind beliebte Touristenziele, auch wegen der prächtigen Landschaft, die die Seen umgibt.

Der Luganersee

Er ist knapp 49 Quadratkilometer groß und liegt zu 63% in der Schweiz. 37% liegen in Oberitalien. Am Luganersee herrscht ein mildes, südliches Klima.

Der Lago Maggiore

Der über 210 Quadratkilometer große See liegt zu 80% in Italien. 20% gehören zum Gebiet der Schweiz, auf dem auch der bekannte Badeort Locarno gehört. Der exklusivste Badeort mit zahlreichen Fünf-Sterne-Hotels ist Ascona. Bei 2.300 Sonnenstunden im Jahr und einer durchschnittlichen Temperatur von 15 Grad ist der Lago Maggiore ein beliebtes Urlaubsziel.

Der Vierwaldstättersee

Es ist der berühmteste See der Schweiz. Mit seinen 113 Quadratkilometern Fläche liegt er in der Zentralschweiz. Das Wasser hat sogar Trinkwasserqualität. Der Vierwaldstättersee ist in Berge eingebettet, sodass er an die Seen Norwegens mit ihren Fjorden erinnert.

Der Neuenburgersee

Der Neuenburgersee ist mit 218 Quadratkilometern Fläche der größte komplett in der Schweiz gelegene See. In den nahegelegenen Weinbergen gibt es Wanderwege und am Ufer rund um den See kann man über Fahrrad- und Wanderwege die Gegend erkunden.

Der Zürichsee

Er erstreckt sich über die Kantone Schwyz, Zürich und St. Gallen. Von seiner Form her ähnelt der ungefähr 28 Kilometer lange Zürichsee einer Banane. In Pfäffikon gibt es zum Baden den größten gedeckten Wasserpark Europas.

Der Bodensee

Er ist der der drittgrößte Binnensee Europas, ist 64 km lang und liegt im Dreiländereck Deutschland, Schweiz und Österreich. Auf seiner etwa 535 Quadratkilometer großen Fläche gibt es zahlreiche Wassersportmöglichkeiten. Er besteht aus zwei Seen (Ober- und Untersee), die durch einen Fluss miteinander verbunden sind.

Der Genfer See

Der Genfer See ist mit einer Fläche von 580 Quadratkilometern der zweitgrößte See Europas. Er liegt im Südwesten der Schweiz und ist ein beliebter Urlaubsort.

23 Blaue Giganten

Aufgabe 1: *Beschrifte die sieben Seen aus dem Text in der Karte.*

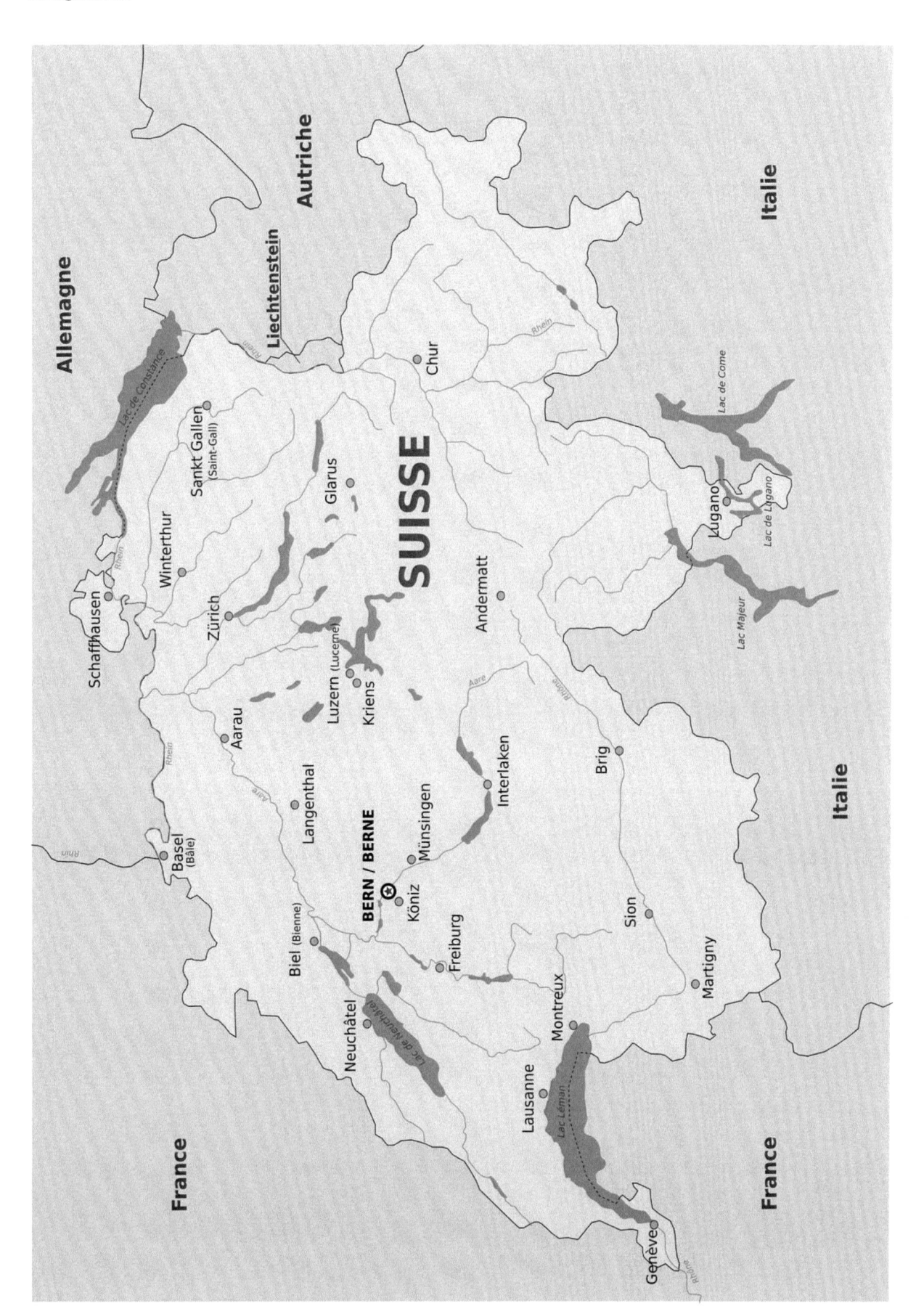

24 Was wächst denn da?

In der Schweiz als Gebirgsland wachsen die typischen Pflanzen der Alpen. Das Edelweiß ist wohl die bekannteste und findet sich als Abbildung auf vielen Souvenirs. Mit dem Edelweiß verbindet man immer Berge, Gebirge und sattgrüne Wiesen in den Tälern.

Aufgabe 1: *Auf den Fotos findest du typische Alpenpflanzen. Schneide die Namen und Fotos aus und klebe sie passend zueinander auf ein Schreibblatt. <u>HILFE</u>: Pflanzenlexikon, Internet, Lehrer/ Lehrerin, Mitschüler.*

Türkenbund

Alpenglöckchen

Alpenrose

Enzian

Seite 40

24. Was wächst denn da?

Pfingstrose

Alpenveilchen

Warum gibt es bei hohen Bergen im oberen Bereich nur noch schroffe Felswände?

Es gibt eine Waldgrenze, in der Bäume einen dichten Wald bilden. Durch das rauere Klima erscheinen Krüppelformen, die niedriger wachsen.

Oberhalb der Waldgrenze befindet sich die Baumgrenze. In diesem Gebiet wachsen nur noch vereinzelte oder gar keine Bäume mehr. Manche Baumarten, wie Koniferen, Lärchen, Kiefern, Fichten und Tannen dringen dabei am weitesten bis zum nackten Felsen vor. In den Schweizer Alpen liegt die Baumgrenze durchschnittlich bei 2.500 m.

Darüber stehen nur noch nackte Felswände.

Wie weit die Wald- oder Baumgrenze einen Berg bedeckt, hängt klimatisch von der Lage eines Hangs ab.

Aufgabe 2: *Zeichne eine Skizze der Grenzen in den Berg.*

25 Klimareiche Schweiz

Das Klima der Schweiz weist zahlreiche Eigenheiten auf. Es reicht von arktisch kalt bis mediteran warm, wobei die Alpen eine Art Klimaschranke zwischen dem Norden und Süden der Schweiz bilden. Die Alpen sind nicht nur Klimaschränke, sondern sorgen auch für verschiedene Klimagebiete.

Im Flachland liegt die Temperatur im Juli bei etwa 17 °C bis 20 °C. In 1.500 m Höhe steigt die Temperatur im Sommer auf ca. 11 °C.

Ein sehr eigenartiges Klima herrscht in den Tälern innerhalb der Alpen. Die hohen Berge halten den meisten Niederschlag aus Norden und Süden ab, sodass die Täler trocken bleiben.

Im Süden des Landes, im Kanton Tessin, herrscht ein fast mediteranes Klima, durch den Einfluss des Mittelmeers, sodass hier sogar Mandelbäume, Zypressen, Lorbeer- und Feigenbäume gedeihen können, weil auch die Winter mild sind.

Eine Besonderheit des Schweizer Klimas ist der Föhn. Der Föhn ist ein Fallwind, der mit trockener und warmer Luft auf der der Windrichtung abgewandten Seite der Alpen auftritt. Föhnwinde treten meist vom Herbst bis zum Frühling auf.

Aufgabe 1: *Erstelle ein Klimadiagramm aus den Tagestemperaturen von Lugano.*

Januar	6 °C	Mai	18 °C	September	21 °C
Februar	7 °C	Juni	23 °C	Oktober	16 °C
März	11 °C	Juli	26 °C	November	11 °C
April	14 °C	August	24 °C	Dezember	8 °C

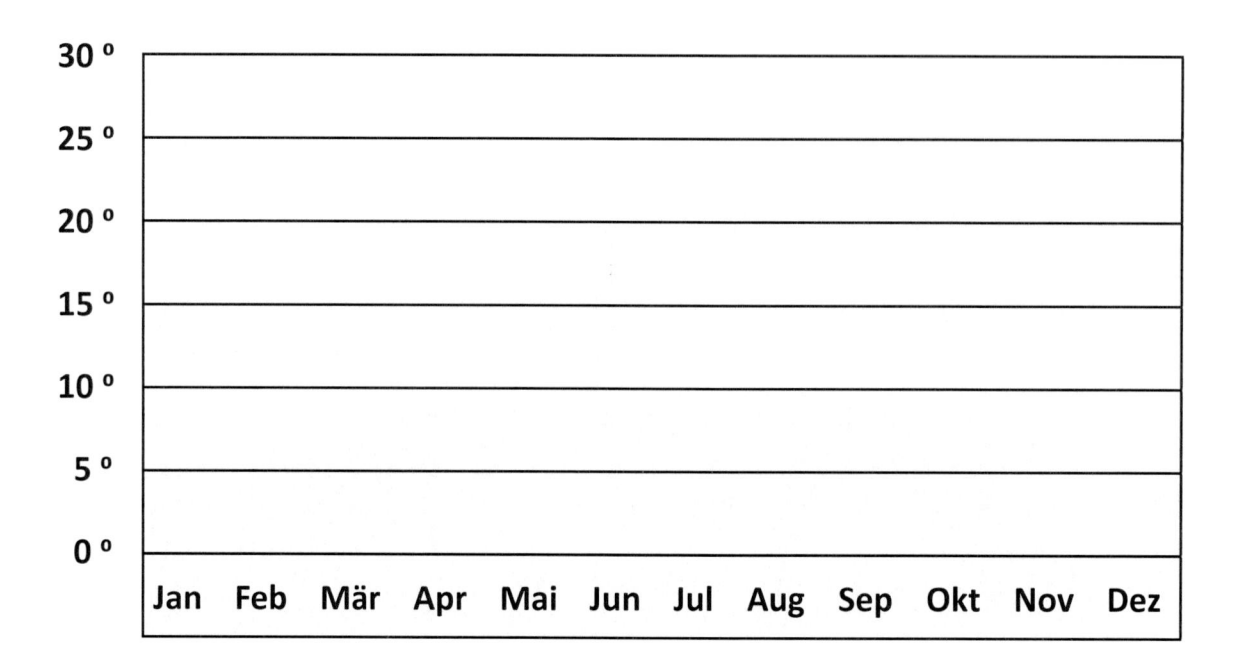

26 Was kreucht und fleucht da?

Die Schweiz hat vielfältige Landschaften, eine vielfältige Pflanzenwelt, ein vielfältiges Klima. Was zu den vielen Vielfalten noch fehlt ist eine vielfältige Wildtierwelt. Und die hat die Schweiz!

Majestätische Schönheiten

Seine Flügelspannweite misst etwa 3 Meter. Sein Hals ist lang und er ernährt sich von Aas. Der **Bartgeier** gehörte zu den einheimischen Wildtieren der Alpen, starb aber Mitte des 19. Jahrhunderts aus. 25 Jahre dauerte das Bartgeier-Projekt in der Schweiz.
Jetzt fliegt der majestätische Vogel wieder.

Eine andere majestätische Schönheit, die in der Schweiz lebt, ist der **Steinadler**. Mit einer Flügelspannweite von knapp 2,50 Metern gleitet er durch die Luft auf Beutefang.

Aber die Schweiz hat es auch etwas kleiner an fliegenden Wildtieren. Hier leben 30 Fledermausarten, deren Flügelspannweite zwischen 19 und 30 cm liegt.

Aufgabe 1: *Welches bekannte Tier lebt auf Almen in Erdbauten und stößt schrille Pfiffe aus? Notiere den Namen.*

_____

26 Was kreucht und fleucht da?

Aufgabe 2: *Schneide die Namen und Fotos der Wildtiere aus. Klebe sie passend zueinander auf ein Schreibblatt.* <u>HILFE</u>: *Pflanzenlexikon, Internet, Mitschüler.*

- Waschbär 
- Biber 
- Gämse 
- Steinbock 
- Wolf

Seite 44

27 Die kulinarische Schweiz

Die Schweizer Küche gehört zu den vielfältigsten der Welt. Der Grund liegt darin, dass Menschen aus unterschiedlichen Ländern einwanderten und ihre Rezepte mitbrachten. Die Schweiz gehört zu den europäischen Ländern mit einem der höchsten Ausländeranteile. 24% der Schweizer Bevölkerung sind ausländischer Herkunft.

Durch die multikulturelle Gesellschaft mischten sich Rezepte, sodass eine kulinarische Vielfalt entstehen konnte. So unterschiedlich die Gerichte nach den vermischten Rezepten auch waren, die meisten wurden mit Butter, Milch, Käse oder Rahm angereichert, denn mit diesen Bestandteilen kochten die Schweizer schon seit Jahrhunderten. Milchprodukte waren immer die Grundlage für die Küche in der Schweiz. Die Vermischung von Rezepten motivierte auch zu weiteren Experimenten.

Die Schweizer gehen kulinarisch um die Welt

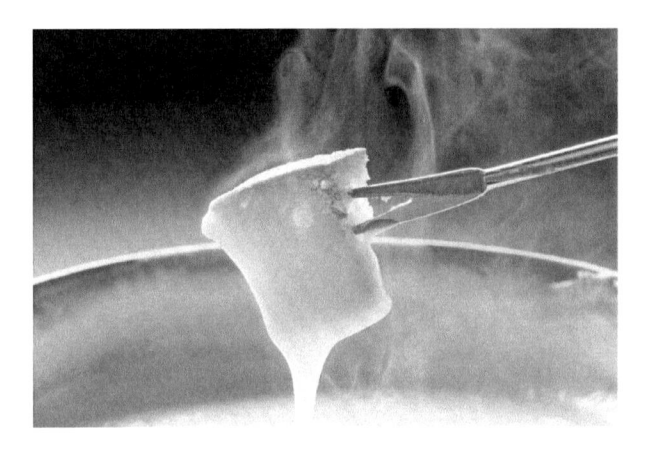

Die Kreativität und das Qualitätsbewusstsein der Schweizer hatte Erfolg. Schweizer Käse, Joghurt, Schokolade, Birchermüesli, Fondue, Raclette oder Rösti wurden berühmt und sind heute noch rund um die Welt begehrt.

Aufgabe 1: Schätze. Setze die nach deiner Meinung passende Jahreszahl hinter jede Erfindung.

Erfindung	Erfinder	erfunden im Jahr
Zopf	Bäckerzunft	
Birchermüesli	Oskar Bircher	
Toblerone	Theodor Tobler	
Nescafé	Max Morgenthaler	
Milchschokolade	Daniel Peter	
Schmelzkäse	Walter Gerber / Fritz Stettler	
Ovomaltine	Albert Wander	

1904 • 1430 • 1911 • 1900 • 1875 • 1908 • 1938

28 Was weißt du über die Schweiz?

Fragen zu Kapitel 1 bis 9

1. Wie lautet der richtige Name der Schweiz?

2. Wie heißt die gewählte Bundesstadt?

3. Wer ist Staats- und Regierungsoberhaupt?

4. Welche Währung hat die Schweiz?

5. Wie viele Einwohner hat die Schweiz (runde)!

6. Welche Staatsform hat die Schweiz?

7. Wie nennt man die Staaten der Schweiz?

8. Wie viele Staaten gibt es insgesamt?

9. Aus welchen Talschaften entstand die Schweiz?

10. Wann war ihr Geburtsjahr?

11. Wodurch wurde der Bund besiegelt?

12. Wem gehörten vor Jahrhunderten große Gebiete in der heutigen Schweiz?

28 Was weißt du über die Schweiz?

13. Wer verwaltete statt der Grafen, Könige und Kaiser das Land?
14. Wo fand der Rütli-Schwur statt?
15. Welche Strafe erhielt Wilhelm Tell?
16. Wo fand die Urmutter aller Schweizer Schlachten statt?
17. Beschreibe die Schweizer Fahne!

Fragen zu Kapitel 10 bis 18

18. Warum war der Gotthardpass immer wichtiger als andere Alpenpässe?
19. Was ist eine Willensnation?
20. Welche beiden Räte wählt das Volk?
21. Welche der Gremien/Personen wählt die Vereinigte Bundesversammlung?
22. Gibt es einen General der Schweizer Armee?
23. Welche Amtssprachen gibt es?
24. Wie nennt man die deutsche Sprache in der Schweiz?

28 Was weißt du über die Schweiz?

25. Was bedeutet Neutralität?
26. Wie lange ist die Schweiz schon neutral?
27. Was ist die Schweizergarde?
28. Was ist die JUKIBU?

Fragen zu Kapitel 19 bis 27

29. Wer war Henri Dunant?
30. In welcher Stadt befindet sich die größte Fastnacht / Karneval?
31. Welche wichtigen Stoffe fehlen der Schweiz für den Export?
32. Welches ist der wichtigste Rohstoff für die Schweiz?
33. Was ist die viertgrößte Einnahmequelle der Schweiz?
34. Welche Berge gehören zum „Dreigestirn"?
35. Wie heißt der berühmteste See?
36. Was ist ein Föhn?

29 Die Lösungen

1

Aufgabe 1: Nachbarländer: Deutschland, Frankreich, Italien, Österreich, Liechtenstein

Aufgabe 2: Individuelle Lösung

2

Aufgabe 1:

Hauptstadt	keine
Regierungssitz	Bern
Amtssprachen	Deutsch, Französisch, Italienisch, Rätoromanisch
Fläche in km²	41.285 km²
Einwohnerzahl (2015)	8.279.700
Bevölkerungsdichte pro km²	201
Währung	Schweizer Franken (CHF)
Kfz-Kennzeichen	CH
Internet-ID	.ch

Aufgabe 2:
1. Der Deutsche bekommt <u>432 CHF</u> für seine 400 €.
   Der Schweizer muss für 400 € <u>430 CHF</u> bezahlen.
   Der Deutsche zahlt für die Übernachtung <u>75,60 CHF</u> (76 CHF).
   Ihm bleibt ein Restbetrag von <u>356 CHF</u>.
   Dem Schweizer bleibt ein Restbetrag von 330 €.
2. Der Restbetrag des Schweizers: 330 € zurück gerechnet beträgt 356,40 CHF.
   Der Restbetrag des Deutschen: 356 CHF
   Der Restbetrag des Deutschen: 356 CHF zurück gerechnet beträgt 332 €.
   Der Restbetrag des Schweizers: 330 €
3. Keiner der beiden hat trotz des unterschiedlichen Wechselkurses einen entscheidenden Vorteil, weil sich die Unterschiede im Wechselkurs ausgleichen.

3

Aufgabe 1: ① Jura ② Walliser Alpen ③ Monte Rosa Massiv ④ Berner Alpen ⑤ Alpstein in Appenzeller Alpen

Aufgabe 2: 1 Wallis 2 Tessin 3 Graubünden 4 St. Gallen 5a Appenzell-Innerrhoden 5b Appenzell-Außerrhoden 6 Thurgau 7 Zürich 8 Schaffhausen 9 Aargau 10 Zug 11 Schwyz 12 Glarus 13 Uri 14 Nidwalden 15 Obwalden 16 Luzern 17 Solothurn 18a Basel-Stadt 18b Basel-Land 19 Jura 20 Neuenburg 21 Bern 22 Freiburg 23 Waadt 24 Genf. Die anzumalenden Urkantone sind die Nr. 11 – 13 – 14

Aufgabe 3:
linke Reihe: Graubünden – Bern – St. Gallen
rechte Reihe: Wallis – Aargau – Waadt

Aufgabe 4:

Aargau	Aarau	Nidwalden	Stans
Appenzell Innerrhoden	Appenzell	Obwalden	Sarnen
Appenzell Ausserrhoden	Herisau	Sankt Gallen	Sankt Gallen
Basel-Landschaft	Liestal	Schaffhausen	Schaffhausen
Basel-Stadt	Basel	Schwyz	Schwyz
Bern	Bern	Solothurn	Solothurn
Freiburg	Freiburg	Thurgau	Frauenfeld
Genf	Genf	Tessin	Bellinzona
Glarus	Glarus	Uri	Altdorf
Graubünden	Chur	Wallis	Sitten
Jura	Delsberg	Waadt	Lausanne
Luzern	Luzern	Zug	Zug
Neuenburg	Neuenburg	Zürich	Zürich

Aufgabe 5: Von Nord nach Süd ginge die Schweiz etwa 4 x in die Luftlinie Deutschlands.
Von Ost nach West ginge die Schweiz etwa 1,8 x (fast 2 x) in die Luftlinie Deutschlands.

Seite 49

29 Die Lösungen

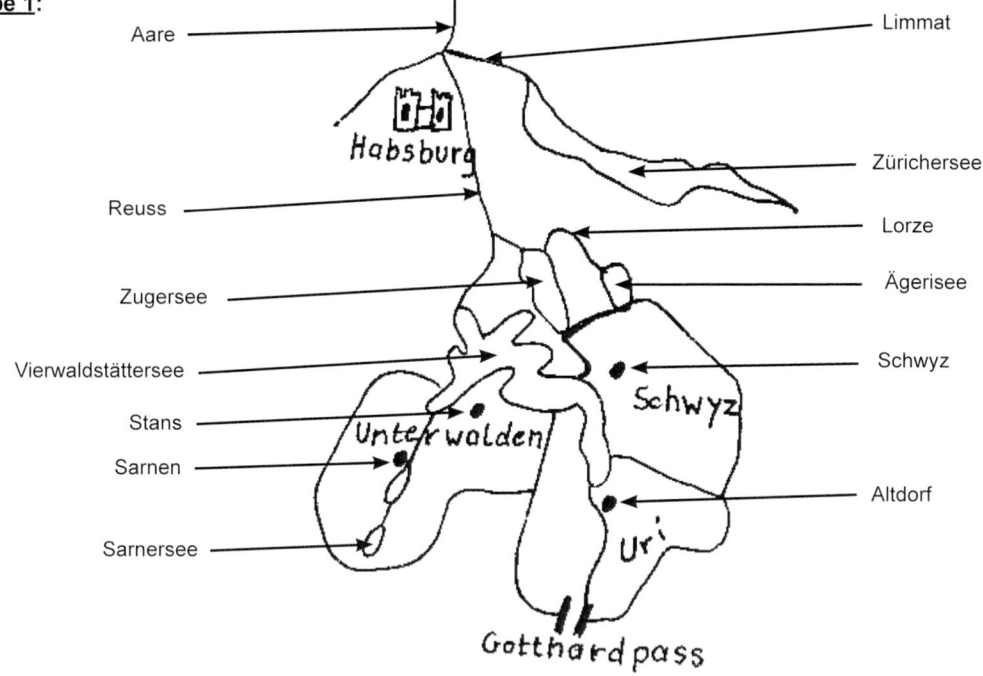

4 **Aufgabe 1:**

Labels on map: Aare, Reuss, Zugersee, Vierwaldstättersee, Stans, Sarnen, Sarnersee, Limmat, Zürichersee, Lorze, Ägerisee, Schwyz, Altdorf

Eingezeichnet: Habsburg, Unterwalden, Schwyz, Uri, Gotthardpass

5 **Aufgabe 2:**

① Die Leute des Vogts werden bessere Waffen haben und kampferprobt sein. Die Eidgenossen werden keine Chance haben und getötet oder gefangengenommen werden.

② Der Kaiser wird nur daran interessiert sein, dass die Gebiete durch die Vögte zu seinem Vorteil verwaltet werden. Bei neuen Vögten könnten die Talschaften ebenfalls wieder Pech haben.

③ Die Ursache für die Vergiftung könnte man schnell finden. Die Leute des Vogts würden die falschen Händler suchen.

④ Der Überfall müsste auf alle drei Vögte gleichzeitig erfolgen, weil die anderen beiden vorgewarnt wären. Was soll mit den gefangenen Vögten geschehen?

Aufgabe 3:

1. Die Leute der Vögte hatten überall Augen und Ohren!
2. Die Rütliwiese befand sich am Ufer des Vierwaldstättersees im Kanton Uri.
3. Zu dem Bund gehörten die Talschaften Uri, Schwyz und Unterwalden.
4. Für Uri Walter Fürst, für Schwyz Werner Stauffacher und für Unterwalden Arnold von Melchtal.
5. Man weiß nicht, ob es eine wahre Geschichte oder eine Sage ist. Fest steht, dass 1291 ein Gründungsbrief/Bundesbrief über den Bund ausgestellt wurde. Ob der Eid auf dem Rütli erfolgte, kann heute nicht mehr festgestellt werden. Aber jedes Kind in der Schweiz kennt die Geschichte.

Die Lösungen

6

Aufgabe 2: Bei der Zeichnung handelt es sich um ein Cartoon, also eine witzige Zeichnung, die die Sage von Wilhelm Tell aufs Korn nimmt.

Aufgabe 3:

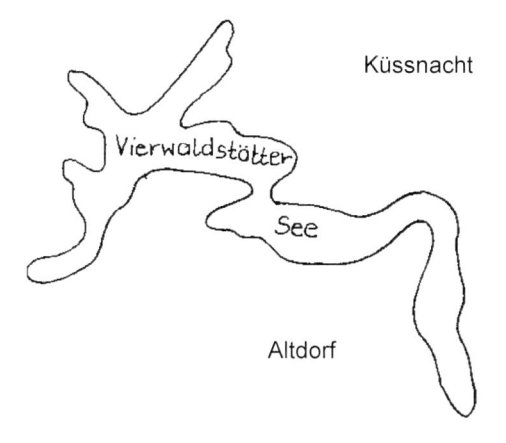

(Skizze: Vierwaldstätter See mit Beschriftungen Küssnacht, Tellsplatte, Altdorf)

Aufgabe 4:
① In Altdorf mussten die Leute den Hut des Landvogts Gessler grüßen. Wilhelm Tell verweigerte den Gruß und musste zur Strafe einen Apfel vom Kopf seines eigenen Sohnes schießen. Wäre das misslungen, hätte er Gessler mit einem zweiten Pfeil getötet.
② Tell wurde verhaftet und in Ketten gelegt. Das Boot mit dem Gefangenen geriet in einen Sturm. Man band Tell los und überließ ihm das Ruder. Tell rettete sich am Ufer auf eine Felsplatte und stieß das Boot zurück in das unruhige Wasser.
③ Tell lief nach Küssnacht und lauerte dem Landvogt auf. Als dieser durch eine hohle Gasse kam, erschoss Wilhelm Tell ihn.

7

Aufgabe 1: Die Eidgenossen mussten eine Strafaktion der Habsburger befürchten.

Aufgabe 3: Diesen *Überfall* auf das Kloster konnten sich die Habsburger natürlich *nicht* gefallen lassen. Den nahmen sie persönlich!
Im *Herbst* 1315 zog Herzog Leopold von Habsburg mit seinem *Heer* am Ufer des Ägerisees entlang in Richtung *Schwyz*. Die Eidgenossen hatten mit der Strafaktion gerechnet und waren vorbereitet.
Als sich das Heer im sumpfigen *Gebiet* von Morgarten südlich des *Sees* befand, wurde es mit Steinwürfen und herabrollenden Baumstämmen empfangen. Das Heer machte einen *Umweg*, aber auch dort wurde ihm der Weg durch quer liegende Baumstämme versperrt. Die *Hindernisse* mussten erst weggeräumt werden. Es bildete sich ein *Stau*. Die Soldaten standen *dicht* an dicht.
Ein Hornstoß ertönte. Von überall her stürmten die Eidgenossen aus den Verstecken und griffen das Heer mit ihren *Waffen* an. Auf dem *engen* Gelände hatten die Soldaten kaum eine *Chance* sich zu wehren.
Sie wollten den *Rückzug* antreten, aber die Fluchtwege führten durch *sumpfiges* Gebiet. Zudem überrannten die vorderen Soldaten die hinteren. Viele wurden totgetrampelt oder ertranken im *Sumpf*. Der *Herzog* konnte sich retten.
Die Habsburger erlitten eine vernichtende *Niederlage*.

Aufgabe 4: Man kann erkennen, wie Steinbrocken und Baumstämme herabgerollt werden. Das Heer gerät durcheinander, weil jeder versucht zu fliehen, es aber zu eng ist.

Aufgabe 5: Es waren 2.800 Habsburger und 1.500 Eidgenossen.

Aufgabe 6: 1.300 Habsburger konnten sich retten. Das war noch nicht einmal die Hälfte des Heeres. Von den Eidgenossen blieben 1.488 am Leben.

Die Lösungen

8 Aufgabe 1:

Nummer	Beitritt	Kanton	Nummer	Beitritt	Kanton
1	1815	Wallis	13	1291	Uri
2	1803	Tessin	14	1291	Nidwalden
3	1803	Graubünden	15	–	Obwalden
4	1803	St. Gallen	16	1332	Luzern
5	1513	Appenzell	17	1481	Solothurn
6	1803	Thurgau	18	1501	Basel
7	1351	Zürich	19	1979	Jura
8	1501	Schaffhausen	20	1815	Neuenburg
9	1803	Aargau	21	1353	Bern
10	1352	Zug	22	1481	Freiburg
11	1291	Schwyz	23	1803	Waadt
12	1352	Glarus	24	1815	Genf

9 Aufgabe 1:

1. Es kam auf die politische Situation an. Waren die konservative Kräfte in der Mehrheit, wurde die Rückkehr zu den eigenen Kantonsfahnen gefordert.
2. Auf dem Kriegsschauplatz fiel es durch die unterschiedlichen Fahnen und Uniformen der einzelnen Kantone schwer zu unterscheiden, wer Freund und wer Feind war.

Aufgabe 2:

Muslimische Länder haben den roten Halbmond und Israel den roten Davidstern als Symbol auf weißem Grund.

10 Aufgabe 1:

Kreuzworträtsel-Lösungen: PASS, SCHOELLENENSCHLUCHT, AUMSTHATT, NORDSEE, ALPEN, BAU, BERGMASSIV, URI, STRATEGISCH, WEG, HINDERNIS, TUNNEL, URNER, AUSWEG, GROSSPROJEKT, KOENIG, FRIEDRICH

29 Die Lösungen

11

Aufgabe 1:
1. In den drei Urkantonen Uri, Schwyz und Unterwalden, die sich zu einem lockeren Bund zusammengeschlossen haben.
2. Es kamen von 1291 bis 1979 immer wieder Kantone aus freiem Willen zu dem lockeren Bündnis hinzu.

Aufgabe 2:

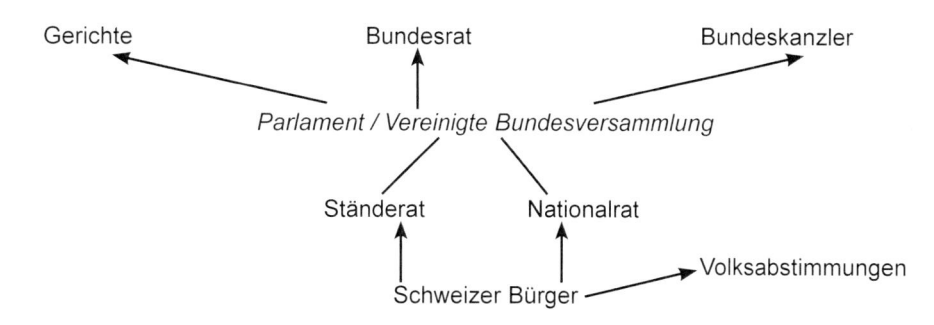

```
Gerichte        Bundesrat        Bundeskanzler
    ↖              ↑              ↗
      Parlament / Vereinigte Bundesversammlung
              ↗              ↖
          Ständerat       Nationalrat
              ↑              ↑
              Schweizer Bürger ──→ Volksabstimmungen
```

12

Aufgabe 1:
1. Im Kanton Graubünden befinden sich Bevölkerungsgruppen mit rätoromanischer Muttersprache.
2. Am häufigsten ist die Landessprache Deutsch vertreten.
3. Die westlichen Kantone liegen an der französischen Grenze und im Süden grenzen die Kantone an Italien.

Aufgabe 2: Die Gemeinsamkeit war lediglich der Wille durch den Beitritt zum Bund ein Maximum an politischer Freiheit / Selbstbestimmung zu genießen.

Aufgabe 3: Bei einem Berufs- oder Schulwechsel ergeben sich sprachliche Schwierigkeiten, wenn man die Landessprache nicht vorher gelernt hat. Z. B. können Schüler dem Unterricht nicht folgen, wenn sie die Sprache nicht beherrschen.

Aufgabe 4: Für die Institutionen des Bundes wäre eine Amtssprache vielleicht eine Erleichterung und ein Vorteil. Für die Bürger aus den verschiedenen Sprachregionen wäre eine leichtere Verständigung möglich. Der Nachteil: Alle Bürger müssten Englisch als Fremdsprache lernen. Eingeschränkte Selbstbestimmung der Bürger und Kantone (s. gemeinsamer Wille zur maximalen politischen Freiheit).

Aufgabe 5: Wichtige Hinweisschilder, die einen Text erfordern. Z.B. ein Gefahrenschild im Wald bei Holzschlagarbeiten: Holzschlag – Coupe de bois (frz.) – Taglio alberi (ital.) – Tagl da laina (rätor.)

13

Aufgabe 1:
a) Könnten Sie bitte das Fenster schließen, wenn Sie so gut wären, weil es reinregnet.
b) Ich bekomme einen Schnupfen.
c) Heute gehe ich mal früh ins Bett.

Aufgabe 2: äxgüsi = Entschuldigung; Schmatz = Kuss; Düssu = Kopf; Hüsli = Toilette; Ballottä = Ball; Scheichä = Bein; Chlööpä = Hände; Ziit = Uhr; Dädi = Vater; obsi = aufwärts; schlüünig = sofort; Dröbsli = Bonbon; Latz = Mund; Münz = Kleingeld; Pülferli = Tablette.

14

Aufgabe 1: Individuelle Lösung

Aufgabe 2: Die *Neutralität* der Schweiz soll *fünf* Funktionen erfüllen. Die Integrationsfunktion dient dem inneren Frieden und Zusammenhalt. Die Unabhängigkeitsfunktion hält *Krieg* vom eigenen Land fern, wendet Machtübergriffe anderer *Staaten* ab und sichert damit den äußeren Frieden. Die Freihandelsfunktion ermöglicht auch in *Kriegszeiten* den Handel mit den kriegführenden Ländern und verhilft wirtschaftlich zu überleben, denn die Schweiz besitzt kaum *Rohstoffe* und ist auf den Außenhandel angewiesen. Die Gleichgewichtsfunktion erlaubt es nicht, *Partei* für ein Land zu ergreifen. Sie verweigert anderen Ländern die Errichtung von Stützpunkten oder den *Durchmarsch* von Nord nach Süd, denn ihr gehören die *strategisch* wichtigen Alpenpässe. Die Dienstleistungsfunktion beschränkt sich auf die Aufnahme von *Flüchtlingen*, auf den *Sitz* internationaler Organisationen und deren Konferenzen. Die bedeutendste Initiative in diesem Rahmen war die Gründung des *Roten* Kreuzes 1864.

Die Lösungen

15

Aufgabe 1: Viele Familien verdienten sich ein Zubrot, indem sie einen ihrer Söhne als Söldner ins Ausland schickten

Aufgabe 2:
1. Für sich als Personenschutz
2. Um das Territorium des Kirchenstaates zu verteidigen.

Aufgabe 3: Individuelle Lösung

Aufgabe 4: Sie dienen dem Papst besonders auf Reisen oder in großen Menschenmengen als Bodyguards. Notfalls arbeiten sie mit den Geheimdiensten anderer Länder zusammen, um z.B. von geplanten Terroranschlägen zu erfahren. Sie sichern die Räume des Papstes und beobachten vorher die Fahrstrecke des Papstes.

16

Aufgabe 1: Englisch, Französisch, Spanisch, Thailändisch, Serbisch, Italienisch, Schwedisch, Russisch, Finnisch, Norwegisch, Dänisch, Japanisch, Chinesisch, Portugiesisch, Niederländisch, Tamilisch, Türkisch, Ungarisch, Kroatisch, Albanisch

Aufgabe 2: Individuelle Lösung

Aufgabe 3:

B	ibliothek verleiht Medien in 50 Sprachen
I	n der Stadt Basel
B	asel hat viele Familien aus verschiedenen Ländern
L	eihgabe von Büchern, CDs, Kassetten und Videos
I	n zwei verschiedenen Sprachen gleichzeitig werden Märchen erzählt
O	ftmals gibt es Veranstaltungen
T	olle Einrichtung für Kinder und Jugendliche
H	ier klappt die Integration verschiedener Kulturen
E	ltern aus verschiedenen Sprachgruppen helfen in der Bibliothek
K	inder aus verschiedenen Ländern treffen sich hier

17

Aufgabe 1: Individuelle Lösung

Aufgabe 2:
- Was ist ein Hörsaal? → Ein riesiges Klassenzimmer für Vorlesungen für mehrere hundert Studenten
- Was ist eine Vorlesung? → Eine Unterrichtsstunde, in der Themen erklärt werden, die man fürs Studium braucht.
- Was ist ein Semester? → Das Frühjahrssemester dauert 3 Monate, das Herbstsemester 4 Monate.
- Was ist eine Fakultät? → Eine Gruppe von Wissenschaften wie z.B. die medizinische oder theologische Fakultät.

18

Aufgabe 1: FC Basel – Grashopper Club Zürich – BSC Young Boys Bern – FC Luzern – FC St. Gallen – FC Sion – FC Thun – FC Lugano – FC Zürich – FC Vaduz

Aufgabe 2: Das Land Liechtenstein ist zu klein für einen eigenen Fußballverband.

19

Aufgabe 1: 2 Henri Dunant – 4 Leonhard Euler – 3 DJ Bobo – 5 Julius Maggi – 1 Johanna Spyri – 7 Theodor Tobler – 8 Denise Biellmann – 6 Louis Chevrolet

Die Lösungen

20

Aufgabe 1: Bei uns beginnt der Karneval eine Woche früher am Rosenmontag und endet am Aschermittwoch. Er dauert ebenfalls 3 Tage (72 Stunden), hat aber keine bestimmte Uhrzeit für den Beginn und das Ende.

Aufgabe 2: Bei uns werden wenig Masken getragen, jeder kann erkannt werden. Auch Erwachsene schnappen nach Süßigkeiten (Kamellen). Die Zuschauer sind kostümiert und geschminkt, singen (grölen), klatschen und schunkeln zu Karnevalsliedern. Dem Alkohol wird manchmal sehr gut zugesprochen.

21

Aufgabe 1: Er kann nur wenige oder keine Rohstoffe exportieren und damit Geld verdienen. Der Staat muss selbst Rohstoffe importieren und dafür bezahlen.

Aufgabe 2: Das sind die Schweizer Käsesorten, besonders der berühmte Schweizer Käse mit den bekannten Löchern.

Aufgabe 3: Deutschland erzeugt mit Wasserkraftwerken nur 3,4% des gesamten Stromaufkommens.

Aufgabe 4: Die Natur hat sich durch den Tourismus verändert. Für Sessellifte mussten Wälder abgeholzt werden, Wege wurden in die Berge gebaut, damit die Touris bequem auf Gipfel steigen können. Die Skipisten im Winter beschädigen den Boden und die Grasnarben unter dem Schnee. Durch ständig viele Gäste im Sommer UND im Winter ist es für die Einheimischen unruhig geworden, besonders abends, wenn die Gäste feiern wollen.

22

Aufgabe 1:

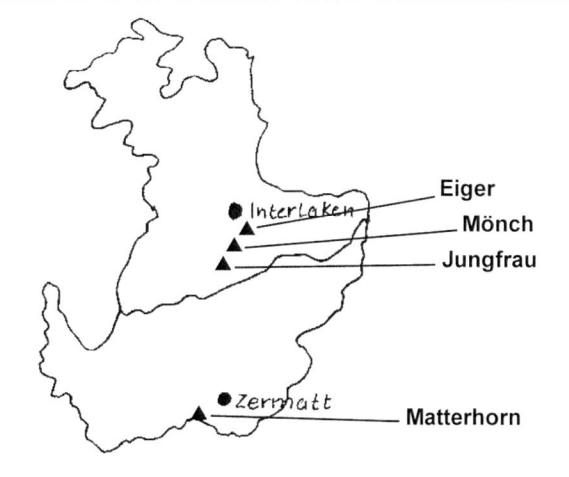

(Karte der Schweiz mit Eintragungen: Interlaken, Eiger, Mönch, Jungfrau, Zermatt, Matterhorn)

Aufgabe 2: Das Matterhorn spiegelt sich im Riffelsee

Aufgabe 3: Die Bevölkerung verdingte sich gegen Bezahlung als Bergführer für die Touristen.

Aufgabe 4: Individuelle Lösung

23

Aufgabe 1:

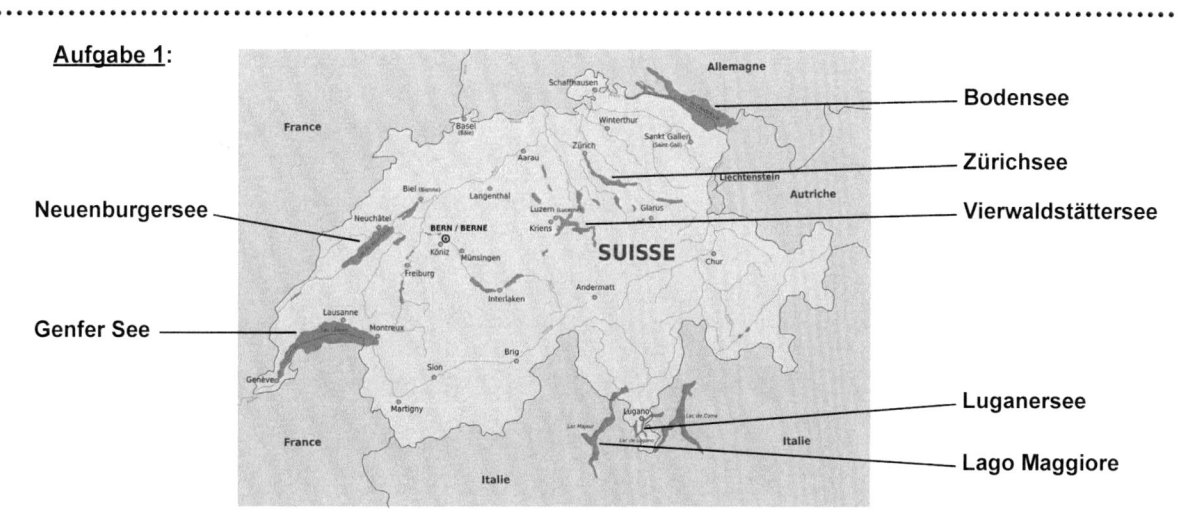

(Karte der Schweiz mit Beschriftungen: Bodensee, Zürichsee, Vierwaldstättersee, Neuenburgersee, Genfer See, Luganersee, Lago Maggiore)

29 Die Lösungen

24 Aufgabe 1: Von oben nach unten:
Alpenrose (Rhododendron), Enzian, Alpenveilchen, Pfingstrose, Türkenbund (eine Lilie), Alpenglöckchen

Aufgabe 2: Individuelle Lösung

25 Aufgabe 1:

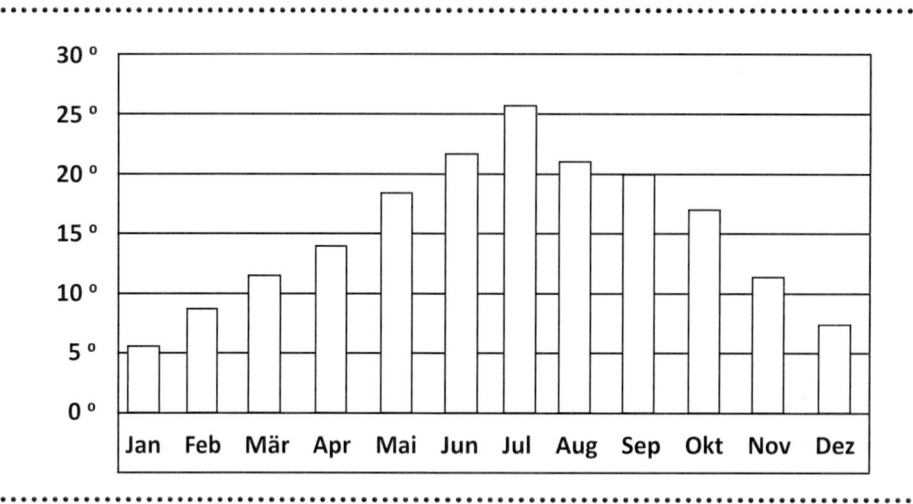

Monat	Temperatur
Jan	5°
Feb	8°
Mär	11°
Apr	14°
Mai	18°
Jun	22°
Jul	26°
Aug	21°
Sep	20°
Okt	17°
Nov	11°
Dez	7°

26 Aufgabe 1: Es ist das Murmeltier.

Aufgabe 2: Von oben nach unten:
Biber, Wolf, Steinbock, Waschbär, Gämse

27 Aufgabe 1:

Erfindung	Erfinder	erfunden im Jahr
Zopf	Bäckerzunft	1430
Birchermüsli	Oskar Bircher	1900
Toblerone	Theodor Tobler	1908
Nescafé	Max Morgenthaler	1938
Milchschokolade	Daniel Peter	1875
Schmelzkäse	Walter Gerber / Fritz Stettler	1911
Ovomaltine	Albert Wander	1904

28 Test:

1. Schweizer Eidgenossenschaft
2. Bern
3. Bundesrat
4. Franken
5. 8.280.000
6. Bundesstaat
7. Kantone
8. 26
9. Schwyz, Uri, Unterwalden
10. 1291
11. Bundesbrief
12. Habsburgern
13. Landvögte
14. Rütliwiese
15. Er musste einen Apfel vom Kopf des Sohnes schießen
16. Morgarten
17. Weißes Kreuz auf rotem Grund
18. Man musste nur einmal auf- und absteigen
19. Bewusst gewollte Gemeinschaft
20. National- und Ständerat
21. Bundesrat, Mitglieder der Gerichte, Bundeskanzler
22. Nein, er wird nur im Kriegsfall gewählt
23. Deutsch, Französisch, Italienisch, Rätoromanisch
24. Schwyzerdütsch
25. Nichteinmischung in die Angelegenheiten anderer Staaten
26. Seit 500 Jahren
27. Leibwache des Papstes und Wache des Vatikans
28. Interkulturelle Bibliothek für Kinder- und Jugendliche
29. Gründer des Roten Kreuzes
30. Basel
31. Rohstoffe
32. Wasserkraft
33. Tourismus
34. Eiger, Mönch, Jungfrau
35. Vierwaldstättersee
36. Fallwind